엉망진창 나라의 앨리스

엉망진창 나라의 앨리스

ALICE IN BLUNDERLAND

존 켄드릭 뱅스 지음, 앨버트 레버링 그림, 윤경미 옮김

일러두기

1.『엉망진창 나라의 앨리스』는
1907년에 발표한 존 켄드릭 뱅스(John Kendrick Bangs)의
『Alice in Blunderland: An Iridescent Dream』을
번역한 것이다.

2. 이 책은 옮긴이의 Tip과 주석을
별도 페이지와 디자인으로 보기 좋게 편집하여
독자들의 가독성을 돕고자 했다.

_____ 님에게 드립니다.

한 권의 책이
세상을 바꿀 수 있습니다.

디오니소스
프로젝트

책읽는귀족은
『엉망진창 나라의 앨리스』를
열한 번째 주자로 '디오니소스 프로젝트'를 이어간다.
'디오니소스'는 니체에게 이성의 상징인
아폴론적인 것과 대척되는 감성을 상징한다.
'디오니소스 프로젝트'는 고대 그리스 신화에서는
축제의 신이기도 한 디오니소스의 특성을
상징적으로 담아내려는 시도로,
우리의 창조적 정신을 자극하는 책들을 중심으로
디오니소스적 세계관에 의한, 디오니소스적 앎을 향한
출판의 축제를 한 판 벌이고자 한다.
니체는 디오니소스를 통해
세상을 해방시키는 축제에 경탄을 쏟았고,
고정관념의 틀을 깨뜨릴 수 있는 존재로
디오니소스를 상징화했다.
자기 해체를 통해 스스로를 극복하는 존재의 상징이기도 한
디오니소스는 마치 헤르만 헤세의
"새는 알에서 나오려고 발버둥 친다. 알은 새의 세계다.
태어나려고 하는 자는 하나의 세계를 파괴해야 한다"는
의미와 맞닿아 있다.
이제 여러분을 '디오니소스의 서재'로 초대한다.

♥ ♦ ♣ ♧ CONTENTS

일러스트 목록

'이상한 나라의 앨리스'가
'엉망진창 나라'로 가다!

　'지상낙원'과 '엉망진창'이라는 말이 비슷한 의미로 전해오는 건 이 책을 읽고 나서이다. 이 책의 지은이, 존 켄드릭 뱅스는 이미 『내가 만난 유령(Ghosts I Have Met)』을 통해 책읽는귀족에서 소개된 작가이다. 『내가 만난 유령』의 독특한 유머의 맛에 깊이 매료되어서 그의 작품을 또 한 권 소개하고자 기획했다.

　이 책 『엉망진창 나라의 앨리스』는 존 켄드릭 뱅스의 최대 장기인 인문학적 패러디와 사회 풍자, 정치 풍자의 글맛이 제대로 발휘된 작품이다. 물론 이 책은 오래 전에 발표되었지만, 지금 읽어도 현재 우리 사회와 시대의 문제가 오버랩 될 정도로 작가의 인문학적 통찰력은 탁월하다. 그게 바로 어느 시대, 어떤 사회라도 관통되는 인간의 고유한 본성과 문제점을 통찰해내는 고전의 향기와 품격이 아닐까.

　이제 이 지구상에는 공산주의라는 사상이 인간의 사상적 유물로 남는 시대가 되었다. 그러나 우리나라의 현실은 아직 이 관념의 조각들이 공중에 떠도는 부유물처럼 흩날리고 있다는 느낌을 지울 수 없다. 아직도 인간의 근본적 본성에 대한 깊은 고뇌 없이 이상적인 공동 소유, 공동의 복지를 꿈꾸는 사람들도 간혹 있다. 게다가 우리와 같이 한반도 땅덩어리를 차지하고 있는 어떤 집단도 표면적으로는 이 유령 같은 사상의 언저리를 헤매고 있는 듯하다.

이 책의 지은이 존 켄드릭 뱅스는 인간의 본성이 진정 원하는 것이 무엇인가를 사회·정치적 풍자로 신랄하게 이야기해 놓았다. 그러나 그 화두는 전혀 무겁지 않다. 우리가 어릴 적 읽었던 『이상한 나라의 앨리스』나 『거울 나라의 앨리스』를 패러디해 놓아서 친근한 앨리스를 다시 만나볼 수 있게 한다.

'지상낙원'과 '엉망진창 나라'는 동의어라는 우리 시대의 난센스

———

인류는 과연 사회·문화적으로 진화를 하고 있는 걸까? 이러한 물음에 대한 답을 하려면 우선 '진화'라는 것에 대한 기준을 말해야 할 것이다. 여기서 말하는 진화는 생물학적 진화의 뜻은 물론 아니다. 인간이 개인적으로 볼 때에도 정신적으로 성숙하다는 건 생각의 독립을 이룰 때이다. 스스로의 힘으로 사고하고 판단을 내릴 수 있을 때 그 인간은 독립적이며 성숙한 인간이라고 볼 수 있다.

인류도 마찬가지 같다. 인류의 정신도 집단주의 체제라는 굴레에서 서서히 떨어져 나와 개인의 자유와 개성을 점점 더 중요시여기는 쪽으로 진화해 왔다고 볼 수 있다. 따라서 어떤 집단이나 사회, 혹은 국가가 얼마나 진화된 것인가를 판단하는 기준은 바로 인간의 자유와 개성을 얼마나 보장해주고 허용해주느냐 하는 것일 테다.

우리나라도 농경 사회의 집단주의 체제에서 점점 개인주의 사회로 변화되어 왔고, 더불어 개인의 자유와 개성을 존중해주는 사회로 발전해왔다. 그러나 우리와 같은 뿌리를 두고 있는 민족의 대략 절반 정도는 이러한 진화를 향한 역사 흐름에서 소외되고 감금된 채로 있다. '지상낙원'이라는 구호 속에 앨리스처럼 엉망진창 나라에 갇혀버린 셈이다.

사실 이 책은 그냥 단순히 우리가 알고 있는 유명한 동화인 앨리스 시리즈의 패러디라고 평가하기에는 많은 생각할 거리를 담고 있다. '인간에게 가장 소중한 것은 무엇인가', '인간 존재의 행복을 위해서는 무엇이 필요한가'라는 근본적인 철학적 질문이 내재되어 있기 때문이다.

이 책의 국내 출판 기획자로서 당부하건대 『엉망진창 나라의 앨리스』를 가볍고 재미있게 읽되, 마지막 책장을 덮을 때에는 스멀스멀 기어오르는 자기 마음 속 생각의 한 오라기를 가벼이 여기지 말았으면 싶다. 이 책을 읽은 독자의 마음에 떠오르는 것이 그 무엇이든, 그 씨앗을 품고서 생각의 바다에 깊이 침잠하길 바란다. 그것이 이 재미있고 유머가 넘치는 책을 국내에 소개하는 또 다른 이유이다.

인간이 진정 행복한 존재가 되기 위해서는 어떤 사회와 체제가 되어야 할까. 행복의 기준은 무엇일까. 우리는 이 문제에 대해 해답을 찾아야만, 우리가 현재 살아가고 있는 이 시대의 사회적 문제에 대한 판단을 할 때에도 그 기준점을 잡고 갈팡질팡 헤매지 않을 수 있다.

2016년 10월
조선우

제1장

엉망진창 나라로
떠나다

ALICE IN BLUNDERLAND

———

그날은 도무지 할 일이라곤 없는 지독히도 지루하고 울적한 날이었다. 밖은 온종일 주룩주룩 비가 내렸기에 앨리스는 정원을 거닐 수도, 친구인 소공자[1]를 불러 거리에서 놀 수도 없었다.   앨리스의 어머니는 아래층에서 최근에 큰 위기를 겪고 있는 '핫 타말리'라는 회사를 위한 브리지 파티[2]를 열고 있었다.

앨리스의 어머니는 도박이라면 질색했지만 자선 활동에는 그 누구보다 적극적이었다. 그랬기에 도박을 꺼려하는 자신의 원칙을 한 수 접어두고 2주에 한 번씩 목요일에 집에서 브리지 파티를 열었다. 하지만 앨리스의 어머니는 어린 딸에게 행여 나쁜 영향이

1 여기서 '소공자(Little Lord Fauntleroy)'는 1886년에 발표된 프랜시스 버넷의 소설의 주인공 세드릭을 지칭한다. 주인공 세드릭은 미국의 한 서민의 아들로 홀어머니와 함께 지낸다. 그러던 어느 날, 조부 드링코트 백작 가문의 대를 잇기 위해 영국으로 가게 되고, 천성적인 명랑함과 명민함으로 무뚝뚝한 조부를 비롯하여 많은 이들에게 행복을 준다.

2 브리지 파티(Bridge Party)는 사람들을 초대하여 카드 게임의 일종인 '브리지'를 하는 파티를 말한다.

라도 미칠까 싶어 브리지 파티가 있는 날에는 앨리스를 아래층 근처에 얼씬도 하지 못하게 했다. 바로 그런 까닭에 앨리스는 아무것도 하지 못한 채 온종일 방 안에 갇혀 있어야 했던 것이다.

방에 있는 책들은 이미 남김없이 읽어버렸기 때문에 앨리스에겐 더 이상 읽을 책도 없었다. 앨리스는 『환희의 집』[3]을 비롯하여 홀 케인[4], 그리고 마리 코렐리[5]의 소설들을 모두 읽어버린 참이었다. 또 불쌍한 앨리스의 인형은 맹장 수술을 마친 탓에 놀 수 없었다. 비록 수술은 혈관에 찌꺼기 하나 남기지 않고 성공적으로 끝났지만 말이다.

무엇보다도 짜증나는 건 앨리스의 고양이였다. 최근 모든 고양잇과 동물들을 국가의 공공 재산으로 지정하는 새로운 법이 지정된 탓에, 앨리스의 고양이는 끼니 때에만 추레한 몰골로 어슬렁거리며 나타났다. 그런 까닭에 그 고양이는 일곱 살 아이에게 맞춤한 애완동물이라 하기는 힘들었다.

"이건 정말 말도 안 돼!"
앨리스는 흔들의자에 걸터앉아 베란다 지붕에서 뚝뚝 떨어지는

3 『환희의 집(The House of Mirth)』은 미국 작가 이디스 워튼(Edith Wharton, 1862-1937)이 1905년에 발표한 소설로 릴리 바트라는 여인의 삶을 다룬 작품이다. 릴리 바트는 몰락한 집안의 여인으로 사회적으로나, 경제적으로 성공한 남자와 결혼하는 것을 목표로 살아가지만, 결국 스물아홉에 이르러 젊음은 빛을 잃고 결혼 기회도 점점 멀어진다. 저자는 릴리라는 인물을 통해 상류사회의 무책임함과 도덕적 타락을 고발한다. 이 책은 2000년에 같은 제목의 영화로도 제작되었다.

4 홀 케인(Hall Caine, 1853-1931)은 소설가이자 극작가로 당시 매우 대중적인 인기를 누렸다. 주로 삼각관계가 포함된 로맨스 소설을 썼으며, 그의 소설들은 상당수 영화로 제작되기도 했다.

5 마리 코렐리(Marie Corelli, 1855-1924)는 영국의 여류 작가이다. 1886년에 첫 소설을 발표한 이후 제1차 세계대전이 발발하기 전까지 엄청난 성공을 거두었다. 그녀의 소설은 동시대 작가였던 아서 코난 도일, H. G. 웰즈나 키플링의 소설을 합친 것보다 훨씬 더 많은 부수가 팔려 나갔다. 하지만 비평가들로부터는 통속적이라는 이유로 많은 비판을 받았다. 주요 작품으로는『두 세계의 사랑』, 『악마의 슬픔』등이 있으며, 2007년에는 프랑수아 오종 감독이 마리 코렐리의 삶을 그린 영화 〈엔젤〉을 제작하기도 했다.

빗방울 소리를 들으며 초조하게 소리쳤다.

"뭐라도 좋으니 할 일이 있었으면 좋겠어. 아니면 누구랑 같이 있든지, 혹은 어디 갈 곳이라도 있었으면! 정부는 도대체 뭘 하고 있는 거람? 비오는 날에도 어린이들이 놀 수 있는 놀이터라도 만들어야 할 게 아니야! 공원에 유리 덮개를 씌우는 것 정도는 푼돈으로도 쉽게 할 수 있을 텐데!"

그것 참 멋진 생각이야!

"그것 참 멋진 생각이야! 적어 놓아야겠어."

별안간 앨리스의 옆에서 작고 가느다란 목소리가 들려왔다.

그 소리에 앨리스는 놀라서 펄쩍 튀어 올랐다. 이곳에는 분명 자기 혼자뿐이라 여겼던 앨리스는 겁먹은 얼굴로 주위를 휘익 둘

Tip
『엉망진창 나라의 앨리스』의 부제

이 책의 원제는 『엉망진창 나라의 앨리스: 무지갯빛 꿈(Alice in Blunderland: An Iridescent Dream)』으로, '무지갯빛 꿈(An Iridescent Dream)'이라는 부제가 달려 있다. 이 책에서 모자 장수가 추구하는 '시유제'에서 꿈꾸는 이상은 무지갯 빛처럼 오색찬란하지만, 실제로는 '엉망진창 나라'일 뿐이라는 역설을 담고 있다.

러보았다. 희한하게도 방 안에는 모자 장수[6]가 난방 장치 위에 앉아 발가락을 뜨듯하게 데우고 있었고, 그 옆에는 삼월 토끼[7]와 체셔 고양이[8], 그리고 하얀 기사[9]가 서 있었다. 이들을 본 앨리스는 그제야 마음이 놓였다. 모자 장수와 삼월 토끼, 그리고 체셔 고양이는 앨리스가 이상한 나라[10]에서 신기한 여행을 하던 중에 만난 친구들이었고, 하얀 기사는 거울 나라[11]에서 만난 친구였기 때문이다.

"어머! 여러분이 어떻게 여기에 오신 거죠?"

앨리스가 소리쳤다.

"다른 친구들이 여기에 왜 왔는지는 알 바 아니지만, 어쨌든 내가 여기 있는 건 맞지."

모자 장수가 말했다.

"다른 친구들도 여기 와 있는 것 같긴 하지만, 거기에 대해 이야기하는 건 정중히 사양하겠어. 내 주치의가 말하길 나는 늘 실재하지 않는 것을 본다고 했거든. 게다가 나는 이 세상에 확실히 단정할 수 있는 건 하나도 없다고 생각하거든."

6 모자 장수(The Hatter)는 『이상한 나라의 앨리스』에서 앨리스가 다과회에서 만난 인물이다. 모자 장수는 삼월 토끼와 도마우스와 함께 하루 종일 찻잔을 씻을 시간도 없이 다과회를 즐기고, 말도 안 되는 노래를 부르거나 얼토당토않은 수수께끼를 낸다. 앨리스는 모자 장수의 무례함을 참지 못하고 다과회를 떠난다.

7 삼월 토끼(March Hare)는 모자 장수의 친구로, '삼월 토끼만큼 미쳤다(Mad as a March hare)'라는 영국 속담에서 유래했다고 한다. 모자 장수의 말에 맞장구를 치며 모자 장수만큼이나 무례하고 엉뚱한 이야기를 한다.

8 체셔 고양이(Cheshire Cat)는 언제나 입이 찢어질 듯 웃고 있는 고양이로, 마음대로 나타났다가 사라지는 것이 특기이며, 때로는 얼굴의 웃음만 남기고 사라지기도 한다. 철학적이고 난해한 이야기로 앨리스를 당혹케 하는 독특한 캐릭터이다.

9 하얀 기사(The White Knight)는 『거울 나라의 앨리스』에 등장하는 인물로, 언제나 괴상한 갑옷을 입고 자질구레한 짐들을 들고 다닌다. 말에서 자주 떨어지기도 하고 앨리스에게 더러운 종이로 만든 푸딩이나, 상어에게 물리는 것에 대비한 발목장식 같은 황당무계한 발명품에 대해 이야기하기도 한다. 하얀 기사는 작가인 루이스 캐럴의 분신과 같은 인물로, 앨리스를 붉은 기사로부터 지키는 역할을 한다.

10 『이상한 나라의 앨리스(Alice's Adventures in Wonderland)』는 영국의 수학자인 찰스 루트위지 도지슨(Charles Lutwidge Dodgson)이 '루이스 캐럴(Lewis Carroll)'이라는 필명으로 1865년에 발표한 소설이다. 앨리스는 회중시계를 보는 토끼를 따라 이상한 나라로 들어가 몸이 커졌다 작아졌다 하며, 눈물의 연못에 빠지기도 하고 기묘한 동물들과 만나는 등 희한한 사건들을 겪는다. 담배 피우는 애벌레, 가발 쓴 두꺼비, 체셔 고양이, 모자 장수, 삼월 토끼 등의 다양한 캐릭터들과 이야기를 나누고 이상한 나라 재판에도 참석한다. 또 트럼프 나라에 가서 여왕과 함께 크로케 경기도 하고, 재판에도 참여하는 등 별별 사건을 겪다가 꿈에서 깨어난다.

11 『거울 나라의 앨리스(Through the Looking-Glass)』는 『이상한 나라의 앨리스』의 속편으로 1871년에 출판되었다. 전편은 카드놀이의 이미지가 사용되었다면, 이 작품은 체스의 이미지가 사용되었다. 앨리스는 거울을 통해 거울 나라로 가서 붉은 여왕과 하얀 여왕을 만나 체스의 졸로 게임에 참여한다. 트위들덤과 트위들디, 험티 덤티, 유니콘 등 다양한 등장인물들을 만나고, 하얀 기사의 도움으로 마침내 붉은 여왕을 물리치고 여왕이 된다.

우리가 모두 여기 있는 건 맞아.

"우리가 모두 여기 있는 건 맞아."

삼월 토끼가 끼어들었다.

"왜냐하면 우리가 여기 말고 다른 곳에 있지는 않으니까. 그리고 너 역시도 다른 곳이 아닌 이곳에 있다면, 우리가 여기 있다고 확신할 수 있겠지."

"음…… 그렇군요. 어쨌든 여러분을 만나게 돼서 정말 반가워요. 너무 지루하고 외로워서 미칠 것만 같았거든요."

앨리스가 말했다.

"우리도 알고 있단다. 최근에 네가 처한 상황에 대해 좀 알아 봤거든. 그래서 말인데 우리는 너를 위해 뭔가 해주려고 찾아왔단다. 사실 여기 모자 장수가 아주 멋진 도시를 하나 만들었거든. 그래

Tip
법학도로서의 뱅스

뉴욕의 법률가 집안에서 태어난 뱅스는 1879년에 컬럼비아 대학에 입학하여 법을 전공했고, 아버지의 법률 사무소에서 일하기도 했다. 하지만 법률가가 되리라는 주변의 기대와 달리, 뱅스는 출판업에 뛰어든다. 이 작품을 비롯하여 그의 작품 면면을 통해, 그가 법에 대해 전문적인 지식을 갖추고 있었다는 사실을 알 수 있다.

서 네가 우리와 함께 그곳에 가 주었으면 한단다."

하얀 기사가 말했다.

"도시를 만들었다고요?"

앨리스가 깜짝 놀라며 물었다.

"그래."

삼월 토끼가 대답했다.

"엉망진창 나라(Blunderland)[12]라는 곳이야. 정말이지 그런 걸 발명해 낼 수 있는 건 이 세상에 모자 장수밖에 없을 거야. 모든 게 다 모자 장수의 엄청나게 커다란 머리에서 나왔다고. 단언컨대 정말 끝내 주는 곳이야."

"거기가 어딘가요?"

앨리스가 물었다.

"쉿, 그건 비밀이야. 아직 저작권 등록을 안 했거든. 내가 저작권 등록을 하기 전까지 그곳이 어디인지는 말할 수 없단다. 요즘은 소유권이란 걸 여간 신경 쓰지 않으면 안 되거든. 코페레이션[13]들이 눈에 보이는 건 뭐든지 자기 걸로 만들려고 혈안이 되어 있으니까 말이야."

모자 장수가 말했다.

12 blunderland는 '대 실수', '실책'이라는 뜻의 blunder와 '나라(land)'의 합성어이다. 이 책에서는 '엉망진창 나라'라고 번역했다.

13 회사 혹은 기업을 비꼬기 위해 저자는 회사(corporation)라는 말 대신 비슷한 어감의 새로운 단어인 '코페레이션(copperation)'이라는 신조어를 만들어서 썼다.

"코페레이션이 뭔가요?"

앨리스가 물었다.

"뭐라고? 코페레이션에 대해 한번도 들어 본 적이 없단 말이야?"

모자 장수가 소리쳤다.

"세상에! 그럼 '유행성 이하선염'이나, '홍역', '백일해' 같은 단어도 못 들어 본 거니?"

"그건 들어봤어요. 하지만 그런 것들을 코페레이션이라고 하는 줄은 몰랐네요."

앨리스가 말했다.

"그런 것들이 코페레이션이라는 말이 아니야. 하지만 코페레이션은 그런 것들보다 훨씬 더 지독하단다. 암 그렇고말고."

모자 장수가 말했다.

"내가 코페레이션에 대해서 말해 줄 테니 잘 들어 보렴."

잘 들어 보렴.

모자 장수는 모자를 벗더니 모자를 확성기인 양 입에 가져다 대고는 다음과 같은 시를 읊기 시작했다.

코페레이션

코페레이션은 짐승이야.

발이 엄청나게 많이 달린 짐승이지.

이 짐승은 법 따위는

털끝만치도 신경 쓰지 않는다네.

코페레이션은 멋진 마차건 양말이건

눈에 띄는 건 뭐든지 깡그리 낚아채서

미친 듯이 웃으며

모든 걸 주식으로 바꿔버리지.

그리고 고무호스를

바다에 꽂아서

물을 남김없이

쪽쪽 빨아 마신다네.

그렇게 몸이 퉁퉁 불어 엄청나게 커져서

거의 쓰러질 지경이 되면

다시 한 번 물에 뛰어들었다가

트러스트[14]가 되어서 물에서 나오지.

트러스트가 마지막으로

크게 한번 쓸어갈 준비가 되면

대중들을 안으로 들여

14 트러스트(Trust)는 같은 종류의 제품이나 원료를 생산하는 기업들이 이익을 챙기고, 독점을 위해 강력한 형태로 결합하는 것을 말한다. 이 책이 나온 1900년대 초에는 철강 기업을 비롯한 거대 기업들이 독과점을 하는 경우가 많았는데, 모자 장수는 이 시를 통해 독과점을 일삼고 이윤을 추구하기 위해서라면 수단과 방법을 가리지 않는 기업들의 행태를 비판하고 있다.

그들에게 그 물을 되판다네.

"알아들었니?"

모자 장수가 암송을 마친 후에 앨리스에게 물었다.

"전혀요."

앨리스가 대답했다.

"모자를 통해서 나오는 소리는 꽤 근사하긴 했지만 무슨 뜻인지는 전혀 모르겠어요. 어째서 공짜로 얻을 수 있는 물을 굳이 돈을 내고 사야 하죠?"

"너도 다른 사람들과 똑같군."

모자 장수가 투덜대며 말했다.

"도대체 이 시를 이해하는 사람은 나밖에 없다니까. 아무리 애를 써 봐도 다른 사람들에게 명확히 설명할 수가 없단 말이지."

"모자에 대고 말하지 않으면 어떨까요?"

체셔 고양이가 입이 찢어질 듯 웃으며 말했다.

"그러면 공적인 인물이라는 느낌이 살지 않는단 말씀이야."

Tip
뱅스가 남긴 명언

비록 오늘 그 어떤 괴로움이 내게 닥친다 해도,
내게 세상은 그저 기쁨 그 자체라네.

모자 장수가 말했다.

"내 의도를 이해하지 못하는 너 같은 무식쟁이 때문에 전문가다운 내 이미지를 포기할 순 없지. 앨리스, 너한테만 특별히 해 주는 이야기인데, 그 시에서 내가 말하고 싶은 건 말이지…… 코페레이션은 이기적인 이익집단들이 대서양의 자유 주화제[15]를 확고히 하기 위해 만들어낸 창조물이란 거지."

모자 장수의 말이 끝나자마자 삼월 토끼가 지저귀듯 다음과 같은 시를 읊었다.

작은 물방울들과

엄청나게 뜨거운 열이

코페레이션을 살찌운다네.

"뭐…… 좋아요. 그렇다면 주위에 코페레이션이라는 짐승이 하

15 자유 주화제(Free Coinage)는 금이나 은 등의 금속을 자유롭게 주조하여 돈으로 사용할 수 있도록 한 제도이다. 1800년대 후반에 미국은 경기 침체로 인한 디플레이션으로 농가 사정이 날로 악화되었으나, 기업 및 은행은 점점 부를 키워갔다.

농민들은 디플레 현상으로 수입은 줄어드는 대신 부채는 줄지 않았으므로 농가 사정이 악화되었기에 사회적 불만이 많았다. 그리하여 은화의 자유 주조를 허용하라는 정치적 요구가 팽배했다. 하지만 은의 자유 주조를 주장한 진영은 패배했고, 결국 미국은 금본위제를 고수했다.

모자 장수는 이 시를 통해 공장주 및 기업가 등으로 구성된 이익집단이 농민의 이익에 반하는 금본위제를 고수한 데 대한 비판을 하고 있다.

나 있다고 가정해 봐요. 그러면 어떻게 할 거죠?"

앨리스가 물었다.

"꽉 붙잡아야지."

모자 장수가 모자를 힘차게 쥐고 흔들어대며 대답했다.

"우리는 그 짐승의 목을 단단히 움켜쥐고 짤짤짤 흔들어서 가진 걸 다 털어낸 후에, 사슬로 꽁꽁 묶어 둘 거야. 그렇게 사십 년쯤 지나면 잘 길들여진 가축이나 파리처럼 얌전해질 테니까."

"하지만 어떻게요? 그걸 혼자서 직접 하실 순 없을 텐데요?"

앨리스가 물었다.

"물론 할 수 있고말고. 나와 삼월 토끼, 그리고 하얀 기사가 함께 해냈지. 우리는 그런 일을 해낼 수 있는 도시를 하나 세웠단다. 우리는 코페레이션이 하나도 남아나지 않을 때까지 앞뒤 가리지 않고 무자비하게 싹 쓸어 냈지. 그리하여 도시에 있는 모든 건 시민들 차지가 되었단다. 그러니까 거리의 자동차, 하수구, 도로, 극장, 전기, 마차, 개, 고양이, 카나리아, 호텔, 이발소, 사탕가게, 모자, 우산, 빵집, 음식점, 가게 할 것 없이 이 모든 것이 시의 소유가 된 거지. 이제 칫솔부터 요트에 이르기까지 개개인의 것은 하나도 없어지게 되었고, 결과적으로 모두가 행복해졌단 말씀이지."

Tip

편집자로서의 뱅스

출판업에 뛰어든 뱅스는 〈라이프(Life)〉지를 비롯하여 하퍼 그룹의 잡지인 〈하퍼스 매거진(Harper's Magazine)〉, 〈하퍼스 바자(Harper's Bazaar)〉, 〈하퍼스 영 피플(Harper's Young People)〉, 그리고 미국 최초의 풍자 잡지였던 〈퍽 (Puck)〉 등에서 편집자로 일하며 다수의 칼럼을 썼고, 점차 뉴욕 문학계에서 영향력 있는 인물로 입지를 굳혀 갔다.

모자 장수가 자랑스레 말했다.

"그것 참 멋지네요. 하지만 전 제 칫솔 정도는 있었으면 좋겠어요."

앨리스가 말했다.

"기존 체제에서라면 그게 당연한 일이지."

모자 장수가 앨리스의 말에 고개를 끄덕인 후에, 말을 이었다.

"치아가 자기 소유인 사유재산 체제 하에서는 누구든 자기 칫솔을 갖고 싶어 할 테지. 하지만 우리가 만든 도시의 의회에서는 치아를 공공재[16]로 하는 법안을 막 통과시켰단다. 너도 알다시피 치아가 있는 사람이 있는 반면, 치아가 없는 사람도 있지 않니? 민주주의 사회에서 누군가는 갖고, 누군가는 못 가진다는 건 분명 불평등 요소라 할 수 있지. 이는 특정 계층에게만 특권을 부여하는 것과 같아. 하지만 미국의 독립선언문[17]에 따르면 모든 사람들은 절대적으로 평등해야만 한다고! 튼튼한 치아를 가진 사람은 원할 때마다 단단한 견과류를 깨 먹을 수 있는 반면, 치아가 없거나 약한 이들은 견과류를 먹을 때 제대로 씹을 수가 없으니 꿀꺽 삼켜야 할 게 아니겠어? 그렇게 되면 소화가 잘 안 되어 끙끙 앓거나, 아니면 아예 견과류를 못 먹게 되는 사태가 생기는 거지. 이거야

16 공공재(public property)는 모든 사람들이 공동으로 이용할 수 있는 재화 또는 서비스를 말한다.

17 미국의 독립 선언문(Declaration of Independence)은 1776년에 작성되었으며 그 내용은 다음과 같다.
"우리는 다음과 같은 것을 자명한 진리라고 생각한다. 즉, 모든 사람은 평등하게 태어났고, 조물주는 몇 개의 양도할 수 없는 권리를 부여했으며, 그 권리 중에는 생명과 자유와 행복의 추구가 있다. 이 권리를 확보하기 위하여 인류는 정부를 조직했으며, 이 정부의 정당한 권력은 인민의 동의로부터 유래하고 있는 것이다. 또 어떠한 형태의 정부든 이러한 목적을 파괴할 때에는 언제든지 정부를 변혁 내지 폐지하여 인민의 안전과 행복을 가장 효과적으로 가져올 수 있는, 그러한 원칙에 기초를 두고 그러한 형태로 기구를 갖춘 새로운 정부를 조직하는 것은 인민의 권리이다."

말로 불평등한 일이라고! 안 그래?"

"그렇군요."

앨리스가 고개를 끄덕이며 말했다.

"그 점에 대해 우리 시의원인 삼월 토끼가 기가 막힌 묘안을 생각해 냈지."

시에서 대신 씹어 주는 거지.

모자 장수가 말을 이었다.

"바로 불평등한 치아 문제를 해결할 수 있는 법을 만드는 거였단다. 그래서 지난 회기 동안 우리는 치아 시유제[18]를 골자로 하는

18 시유제(Municipal Ownership)는 사유제(private ownership)의 반대 개념으로 '시(市)'가 모든 것을 소유하도록 하는 제도이다. 모자 장수가 만든 '엉망진창 나라'는 기본적으로 시유제를 택하고 있으며, 줄여서 'M. O.'라고도 표현한다.

법안을 마련했어. 이 법안에 따라서 이제부터 치아가 없는 사람이 길을 가다가 단단한 견과류를 먹고 싶으면, 거리에서 누구든 붙들어 세워서 자기 대신 견과류를 깨 달라고 명령할 권리가 생긴다는 말씀이지. 물론 그 법을 집행하는 데는 소소한 문제가 있었는데, 바로 사권 침해와 관련된 거였지. 뭔가를 장기간 소유하다 보면 사람들은 그걸 자신의 타고난 권리라고 여기는 경향이 있어서 그 법에 대항하려 들거나 헌법에 호소하기 마련이거든. 이들을 설득시키기는 건 여간 힘든 게 아니란다. 일전에 한 남자가 누군가에게 자기 대신 시가[19]를 좀 씹어 달라는 부탁을 받자, 이를 거부하는 사태가 있었단다. 헌법 어디에도 치아에 대한 이야기가 직접적으로 언급되어 있지 않다는 이유로 말이지. 그 남자는 자신의 치아는 엄연히 개인의 소유라고 주장하며 시에서 그걸 공공재로 쓸수는 없다고 우겨댔지. 결국 그 남자는 그 사건을 대법원까지 끌고 가기로 했단다. 하지만 재판을 받을 동안 그의 치아는 보안관의 감시 하에 구금되어야 했지."

"그래서 그 남자는 어떻게 되었나요?"

앨리스가 물었다.

"그 남자 역시 구금되어 있지. 그가 치아를 구금시키고 대법원에

19 시가(cigar)는 담뱃잎을 만 것을 다시 커다란 고급 담뱃잎으로 감싸 만든 두꺼운 담배로, 이 책이 쓰인 19세기 초에는 현대의 담배(cigarette)보다 시가가 더 대중적이었다. 당시 뉴욕에서는 주로 가내수공업 형태로 시가가 제조되었다.

출두하기 위해서는 자기 치아를 몽땅 뽑는 수밖에 없었거든. 하지만 그 남자는 그러길 원치 않았단다."

모자 장수가 대답했다.

"그 사람의 사정도 충분히 이해가 되는걸요. 저 같아도 치아를 제 몸에서 떼어 놓고 싶지 않았을 거예요."

앨리스가 안타까운 듯이 말했다.

"몽롱하게(obfuscation) 하는 건 아니야."

모자 장수가 말했다.

"'몰수(confiscation)'겠지요."[20]

삼월 토끼가 정정했다.

"올바른 단어를 쓰셨으면 합니다. 막 갖다 붙여도 되는 단어가 아니니까요."

치아 시유제도

20 비슷한 발음이 나는 단어를 혼동해서 쓰는 식의 언어유희는 『이상한 나라의 앨리스』에도 매우 빈번하게 등장한다. 예컨대 앨리스가 '아니다(not)'라고 한 말을 쥐는 '매듭(knot)'으로 알아듣거나, 앨리스가 '축(axis)'에 대해 이야기했는데 공작부인은 '도끼(axes)'로 알아듣고 앨리스의 목을 치라고 말하는 식이다.

"지적해 줘서 대단히 고맙군."

모자 장수가 대답했다.

"내 정신은 말보다 훨씬 더 고결하거든. 하여튼 내가 말했다시피, 치아를 무작정 '몰수'하는 건 아니야. 그러니까 아무 배상도 없이 치아를 빼앗지는 않는다는 말이지. 우리는 치아의 가치만큼 그 사람에게 돈을 지급하고 치아를 사회 전체의 공공 서비스로 제공한단다."

"그러면 그 사람한테 줄 돈은 어디서 나오나요?"

앨리스가 물었다.

"시의 채권(Municipal Bond)[21]으로 지급하지."

모자 장수가 설명했다.

"채권 발행 가격은 2센트이고 금리는 10퍼센트란다. 그러니까 어떤 사람이 다른 이들을 위해 단단한 견과류를 씹어 줄 때마다, 서비스를 받는 사람은 그에게 1센트를 지급하는 거지. 그 사람은 현금 기록카드를 조끼 주머니에 항상 꽂고 다니며, 서비스를 해 줄때마다 돈을 받고 그 돈의 액수를 기록해 두는 거지. 그리고 주말마다 시의 재무부에 그 돈을 반납하는 거야. 그렇게 모인 돈은 채권의 이자로 지급되고 말이지. 이렇게 했을 때 추가적인 이점이

엉망진창 나라의 앨리스

21 시 채권(municipal bond)은 지방 정부가 자금 조달이나 정책 집행을 위해 발행하는 만기가 정해진 채무 증서이다. '엉망진창 나라'의 시장인 모자 장수는 실제 돈이 아니라 채권 발행을 남용하여 시의 자금 조달을 한다.

있는데, 바로 치아가 유통 가능한 자산이 된다는 거야. 이전의 체제에서는 치아로 돈을 벌 수 없었지만, 새로운 체제 하에서는 돈이 궁할 때 여차하면 그 채권을 팔아서 돈을 마련할 수도 있게 된 거지. 어디 그뿐이겠어? 시 정부에서 치과 비용을 대 주고 기타 치아 관리 용품까지 제공해 준단 말이지. 그러면 개인이 치아 관리에 드는 비용도 아낄 수 있어. 시에서도 치아 조사관에게 연간 1,200 달러를 지급하는 것 이외에는 비용이 거의 들지 않아. 뭐 그 정도야 껌 값이지. 사람들이 공공 치아 서비스를 충분히 많이 이용해서 수익 배당금이 늘어나면 그걸로 충당할 수 있을 테니 말이야. 어쨌든 우린 마침내 이 엄청난 일을 해냈단다. 그리고 이런 방식으로 치아뿐만 아니라 다른 것들에도 얼마든지 시유 제도를 도입할 수 있다는 말씀이지.”

“어서 빨리 여러분들이 만든 도시에 가 보고 싶어요.”

앨리스가 말했다.

앨리스는 치아 시유제도가 대단히 매력적이라고 생각하지는 않았지만, 적어도 아주 흥미롭다고 느꼈다.

“그럼 즉시 가보자꾸나. 벌써 역에 기차가 서 있으니 말이야.”

모자 장수가 말했다.

Tip
미국의 대표적 잡지 〈하퍼스 매거진(Harper's Magazine)〉

뱅스가 편집자를 맡았던 〈하퍼스 매거진(Harper's Magazine)〉지는 뉴욕의 편집가인 하퍼 앤 브라더스(Harper&Brothers)에 의해 1850년에 창간된 문학, 정치, 문화, 경제, 예술 등을 다루는 잡지이다. 자매지로는 〈하퍼스 위클리(Harper's Weekly)〉, 〈하퍼스 바자(Harper's Bazaar)〉 등이 있다.

초창기에 이 잡지에서는 찰스 디킨즈, 브론테 자매 등의 영국 작가들의 작품을 무단으로 싣기도 하다가, 이후에는 미국 작가들의 작품을 소개하기 시작했다. 허먼 멜빌의 『백경(Moby Dick)』도 이 잡지에 소개되었다. 미국에서 두 번째로 오래 된 잡지로, 오늘날에도 여전히 발행 중이다.

"역이라니요? 무슨 역 말인가요?"

앨리스가 의아해 하며 물었다.

모자 장수가 미처 대답하기도 전에, 앨리스는 재빨리 창밖을 내다보았다. 그러자 아주 아름다운 열차 한 대가 베란다 앞에 서 있는 게 아닌가! 앨리스는 곧장 친구들과 함께 기차에 올랐다. 그러자 열차의 문지기가 문 앞에서 친절한 목소리로 인사하며 앨리스에게 반짝이는 은쟁반을 건넸다. 은쟁반 위에 놓인 카드에는 다음과 같은 글귀가 새겨져 있었다.

친애하는 앨리스 양을 즐거운 여행으로 초대합니다.

빠르고 친절하게 모시겠습니다.

문지기는 앨리스에게 카드를 건넸다.

제2장

움직이지 않는 열차

ALICE IN BLUNDERLAND

———

"정말 대단한 열차에요."

휘황찬란하게 번쩍이는 열차에 올라탄 앨리스는 경탄을 금치 못하며 말했다.

"게다가 끝이 없을 것만 같아요."

앨리스는 열차의 맨 앞부분을 찾아서 좌석 사이의 통로를 따라가며 덧붙였다.

"이 열차는 끝이 없단다. 그저 끝없이 이어질 뿐이지."

모자 장수가 말했다.

"그렇다면 열차가 어디에서도 멈추지 않는다는 말인가요?"

Tip
미국의 대표적 풍자 잡지 〈퍽(Puck)〉

켄드릭 뱅스는 〈하퍼스 매거진〉, 〈하퍼스 바자〉 이외에도 미국의 대표적인
풍자 잡지였던 〈퍽(Puck)〉의 편집자로 일하기도 했다. 〈퍽(Puck)〉은 1871년에
창간하여 1918년까지 출판된 미국 최초의 성공적인 풍자 잡지였다. 당시 미
국 사회와 미국 정치 등을 컬러로 된 만화와 캐리커처로 재치 있게 풍자하여
인기를 끌었다.

모자 장수의 말에 앨리스는 깜짝 놀라며 물었다.

"모든 곳에서 멈춘단다."[22]

모자 장수가 대답했다.

"말하자면 이 열차는 끝이 없다는 의미지. 이 열차는 거대한 고리처럼 도시를 빙 둘러싸고 있단다. 시작과 끝이 서로 붙어 있는 셈이지. 우리는 이 열차를 M. O. 특급 열차라고 부른단다. 여기서 M. O. 는 '시유(Municipal Ownership)'라는 뜻이지."

"그리고 빚진 돈(Money Owed)[23]이라는 뜻도 있고 말이야."

맞은편 좌석에 앉아 있던 족제비가 킥킥대며 말했다.

저놈을 당장 기차에서 쫓아내게!

22 앨리스의 질문에 모자장수는 "모든 곳에서 멈춘단다(It stops everywhere)"라고 대답한다. 즉, 도시를 빙 둘러싼 고리형의 고정형 열차이기 때문에 끝이 없는 동시에, 모든 곳에서 멈추는 열차인 셈이다.

23 빚진 돈(Money Owed) 역시 M. O. 의 약자로 족제비는 이 열차가 결국 채권 발행을 남발하여 빚진 돈으로 만들어 낸 시설임을 풍자하고 있다.

"저놈을 당장 기차에게 쫓아내게!"

삼월 토끼가 씩씩대며 말했다.

"차장! 당장 저 녀석을 쫓아내지 못하겠나?"

그 말을 들은 차장은 즉시 그 족제비를 창밖으로 내던져 버렸다. 모자 장수는 다시 말을 이었다.

"이 열차는 아주 빠르기 때문에 우리는 이 열차를 특급 열차라고 이름 붙였지."

"하지만 전혀 움직이는 것 같지 않아요."

열차의 움직임을 조금도 느끼지 못한 앨리스가 의아해 하며 물었다.

"그래, 전혀 움직이지 않지."

모자 장수가 입을 열었다.

"이 열차는 아주 튼튼한 토대 위에 지어졌기 때문에 조금의 미동도 없이 굳건하게 이 도시 주위를 빙 둘러싸고 있단다. 이 모든 것이 다 내 머릿속에서 나온 계획이지."

모자 장수가 자랑스레 덧붙였다.

"하지만 방금 전에는 분명히 이 열차가 아주 빠르다고 하셨잖아요."

Tip
풍자가로서의 뱅스

뱅스에게 늘 따라붙는 수식어 중 하나가 바로 '풍자가'이다. 그 이유는 그가
미국의 대표적 풍자 잡지 〈퍽(Puck)〉에서 편집자로 일한 경력도 있거니와, 그
의 작품 중 상당수가 풍자와 해학을 담고 있기 때문이다.
이 책『엉망진창 나라의 앨리스』는 특히 그의 풍자가 더욱 더 빛을 발하는 작
품이다. 그는 이 책에서 세련된 풍자를 통해서 높은 세금, 탐욕스러운 기업들,
뇌물, 부정부패, 무능한 정부 등 당시 미국 사회의 문제점을 고발한다.

앨리스가 이의를 제기했다.

"그렇단다, 애야."

모자 장수가 친절하게 대답했다.

"이 열차는 풀로 딱 붙인 것처럼 고정(fast)되어 있지.[24] '빠르다(fast)'에는 여러 가지 의미가 있거든. 혹시 '겁나게 빠른 낸시 호'라는 노래를 들어 본 적이 있니?"

"아뇨."

앨리스가 대답했다.

"그건 내림 나장조의 바다 노래란다."

모자 장수가 말했다.

"너를 위해서 내가 직접 노래를 불러 주마."

모자 장수는 모자를 입술에 대고는 감미로운 목소리로 노래를 부르기 시작했다.

24 fast에는 '빠르다'라는 뜻도 있지만, '단단히 고정되어 있다'라는 의미도 있다. 모자 장수는 fast의 중의적 의미를 이용하여 열차를 묘사하고 있다.

겁나게 빠른 낸시 호(Nancy P.D.Q)[25]를 위한 발라드

겁나게 빠른 낸시 호는 아주 멋진 배라네.

매사추세츠의 보스턴을 출발하여

싱싱한 사과를 가득 싣고

푸른 바다를 향해 나아갔다네.

오겅키트 만[26]을 돌아

퀴크[27]의 제방을 따라 천천히 내려와,

어느 찬란한 여름날

만달레(Mandelay) 연안 부근에서

자욱한 안개를 만나 멈춰 섰다네.

선원들이여,

돛을 팽팽히 잡아매고

함께 술을 들이키게나.

25 Nancy P. D. Q.에서 'P. D. Q.'는 Pretty Damed Quick의 축약어로 '엄청나게 빠른'이라는 의미를 담고 있다.

26 오겅키트 만(Ogunkit Bay)은 메인 주에 있는 해안 지역이다. '바다 옆의 아름다운 곳'이라는 뜻으로 아베나키 인디언 부족의 말에서 유래했다.

27 쿼크(Quogue)는 뉴욕 주 뉴욕 롱 아일랜드에 있는 해안 지역의 마을이다.

가파른 파도와 자욱한 안개가

겁나게 빠른 낸시 호를 둘러싸고 있나니.

자욱한 안개와 칠흑 같은 밤의 어둠을 헤치고,

배는 더듬더듬 나아가다,

롱아일랜드 해협에 충돌했다네.

대구떼는 소란스러웠나니.

달은 떠올라 온화하게 웃으며

겁나게 빠른 낸시 호에 바짝 다가가

모래톱에 깊이 파묻힌 낸시 호를

초록빛으로 비추이네.

선원들아,

배 하단을 밧줄로 잇고,

우현의 돛을 줄여라.

배가 모래톱에 타르처럼 붙고 있으니.

Tip
정치가로서의 뱅스

뱅스는 편집자 및 작가로서 얻은 인기를 바탕으로 1894년에 뉴욕 주 용커스 시의 시장에 출마하지만 207표 차이로 낙마한다. 이후 1896년에 교육부의 부의장으로 선출된다.

선장은 외쳤지. "힘을 내라!"

선원들이 내답했지. "네, 선장님!"

모두 함께 힘차게 "영차! 영차!" 배의 물을 퍼냈네.

"만세!" 항해사가 재채기를 하며 외쳤네.

"겁나게 빠른 낸시 호 만세!

낸시 호는 바람 앞에서는 고작 2노트로 항해하지만,

모래톱에서만큼은 맹세코 해상에 있는 것 중

가장 단단히 고정되었다네(fastest)."[28]

그러니 선원들아,

저 높이 깃발을 올려라.

그 어떤 배도, 겁나 빠른 낸시 호를

넘어설 수 없나니.

앨리스는 줄곧 당혹스러운 태도로 턱을 긁적였지만, 모자 장수

28 fast의 중의적 의미를 이용하여 낸시 P. D. Q. 라는 배가 사고를 당해 모래톱에 단단히 고정된(fastest) 상태를 가리켜 '가장 빠른(fastest) 배'라고 해석하고 있다.

는 쉬지 않고 노래를 불러 댔다.

"나는 바로 이 노래에서 아이디어를 떠올렸단다."

마침내 노래를 마친 모자 장수가 다시 떠들어댔다.

"빠른(fast) 열차를 만들기 위해서는, 단단히 고정시켜서(fast) 만들면 된다는 걸 말이야!"

"하지만 열차가 어디에도 갈 수 없다면 사람들은 어떻게 여행을 하죠?"

앨리스가 물었다.

"그건 간단해. 열차에서 내려서 걸어가면 되지. 게다가 열차가 움직이지 않으면, 내릴 때의 위험도 크게 줄일 수 있거든."

모자 장수가 대답했다.

"알겠어요. 그러니까 아까 그 족제비를 열차 밖으로 던졌을 때, 열차가 움직이고 있었다면 그 족제비가 아주 심하게 다쳤을 거란 말씀이군요."

앨리스가 말했다.

"내 말이 바로 그 말이란다."

모자 장수가 맞장구쳤다.

"삼월 토끼 시의원의 말을 빌자면, 우리 시유제 체제에서는 늘

Tip
강연자로서의 뱅스

뱅스는 또한 매우 성공적인 강연자이기도 했다. 그는 제1차 세계대전 동안 북미와 유럽을 돌며 다수의 강연을 했다. 그는 주로 자신이 만났던 좋은 사람들에 대한 이야기들을 들려주거나 유머 작가들에 대한 강의를 했다. 그의 강의는 매우 유쾌하고 인기가 좋았다고 한다.

시민들의 안전과 편안을 최우선적으로 추구하고 있단다. 그 외의 모든 것은 삼차적(tertiary) 고려 대상일 뿐이지."

"삼차적이란 게 게 뭔가요?"

앨리스가 물었다.

"세 번째에 온다는 뜻으로 거북(turtle)과 낙타(dromedary)의 합성어란다."[29]

모자 장수가 대답했다.

바로 그때, 열차의 통로를 걸어가던 남자 하나가 우뚝 멈춰 서더니 모자 장수에게 개암 열매[30] 하나를 깨뜨려 달라고 요청했다. 모자 장수는 흔쾌히 자신의 이로 개암을 우두둑 깨뜨려 주었다.

남자는 모자 장수에게 감사 인사를 하고는 1센트를 지불했다. 그러자 모자 장수는 엉망진창 나라의 법에 따라, 즉시 조끼에 꽂혀 있던 자그마한 현금 기록부에 돈의 액수를 기록했다.

29 삼차적(tertiary)이라는 말은 본래 '3분의 1'을 의미하는 라틴어 tertiárius 에서 파생된 말로, turtle과 dromedary의 합성어와는 무관하다.

30 개암나무 열매는 둥근 형태로 도토리와 비슷하며, 껍질이 단단하고 고소 한 맛이 난다.

모자 장수에게 개암 열매 하나를 깨뜨려 달라고 요청했다.

"치아 시유제는 바로 이런 식으로 적용된단다."

남자가 떠나자 모자 장수가 앨리스에게 설명했다.

"하지만 이 도시의 철도 사업은 치아 시유제보다 훨씬 더 복잡하고 힘든 문제였지. 우리가 철도 사업을 인수했을 때, 우리는 철도 사업에 대해 제대로 파악하기 전까지는 기존 시스템을 그대로 유지하기로 했지. 그래서 우선 열차 운전수와 차장으로 교양 있는 사람들을 모집했단다. 예의 바르고 품위 있는 사람들을 말이다. 승객들이 열차를 멈춰 달라고 요청을 하면 제때 멈추고, 또 출발할 때 뒷문이 채 닫히기도 전에 급출발을 하지 않을 사람들 말이다. 뒷문이 제대로 닫혀 있지 않은 상태에서 급히 출발하기라도 하면

Tip
뱅스가 남긴 작품들

뱅스는 60편이 넘는 작품을 남겼다. 대표작으로는 『스틱스 강의 하우스보트 (A House-Boat on the Styx)』, 『내가 만난 유령(Ghosts I Have Met)』, 『엉망진창 나라의 앨리스』, 『백치들(The Idiot)』 등이 있다.
그의 작품은 대체로 인문학적 지식을 바탕으로 풍자와 해학을 담고 있다. 또한 유명한 사후세계의 인물들을 끌어들여 이야기를 전개하는가 하면, 유쾌한 유령들에 대한 이야기를 다루기도 한다.

승객들이 거리로 튕겨나갈 테니 말이지.”

“맞아요. 채찍 내리치기[31] 놀이를 할 때, 맨 끝에 있는 사람이 튕겨 나가기 쉬운 것처럼 말이죠.”

앨리스가 말했다.

“바로 그렇단다.”

모자 장수가 고개를 끄덕였다.

“급정거와 급출발이 비일비재한 과거의 교통 체계에서는 매일 저녁 집에 갈 때, 아무 탈 없이 집으로 돌아가 가족들의 품에 안길지, 아니면 누군가가 들고 있는 계란 바구니에 부딪치게 될지 도무지 예측할 수 없었지. 그래서 우리는 시도 때도 없이 급정거와 급출발을 해대는 무식쟁이들 대신에 아주 예의 바르고 교양 있는 사람들을 운전수와 차장으로 모집했단다. 이들은 대개 은퇴한 약사나 점포 관리자, 시인들이었어. 덤으로 전직 정치인들도 말이지. 우리는 이런 사람들을 실전에 투입했지. 하지만 애석하게도 이들은 열차나 운전 기술에 대해서는 아는 게 쥐꼬리만큼도 없었단다. 교양이 있고 예의 바른 것과 열차에 대해 잘 아는 건 완전히 별개의 문제였거든. 그 결과, 우리는 초창기에 끔찍할 정도로 많은 충돌 사고를 겪어야 했지. 주말쯤 되면 온전하게 남아 있는 열차가

31 채찍 내리치기(snap the whip)는 아이들이 야외에서 하는 게임의 일종이다. 손에 손을 잡고 일렬로 선 상태에서 맨 앞에 서 있는 아이(머리)가 아무 방향으로나 뛰면, 다른 아이들은 손을 꽉 잡은 채로 그 방향으로 뛰어간다. 그때 뒤에 있는 아이(꼬리)일수록 더 큰 힘이 가해지기 때문에 손을 꽉 잡지 않으면 연결이 끊어지기 쉽다.

없을 정도였으니까."

"정말 끔찍했겠어요."

앨리스가 안타까운 듯이 말했다.

"말도 못할 지경이었지."

모자 장수가 고개를 절레절레 흔들며 대답했다.

"결국 사람들은 불평을 해대기 시작했지. 특히 두 대의 차량 사이에 코가 끼인 남자가 있었는데, 그가 시를 상대로 고소를 하는 바람에 우리는 결국 그의 운임을 환불해 줘야 했지. 그러던 어느 날, 차량 한 대가 앞 차에 부딪친 채 그대로 그 차를 뚫고 나와서 그 앞 차에까지 미친 듯이 돌진하는 사고가 터지고야 말았단다. 그 사고를 계기로 우리는 도저히 이대로 두고 볼 수만은 없다는 결론을 내렸지."

"어머나!"

앨리스가 외쳤다.

"앞 차에 타고 있던 승객들이 여러분들을 고소했겠군요."

"법정에 나설 인원만 충분했다면 그랬겠지."

모자 장수가 말했다.

"정말이지 큰 문제였다니까."

앞 차에 미친 듯이 돌진하는 사고가 터졌지.

삼월 토끼가 맞장구를 쳤다.

"참으로 감당하기 힘들었지."

모자 장수가 단언했다.

"하지만 우리 시의 법률 고문[32]인 하얀 기사가 해결의 실마리를 제공했지. 내가 그 친구에게 의견을 내놓으라고 했더니 하얀 기사는 두 달 동안 고심한 끝에 마침내 내게 보고서를 올렸지. 그가 말하길, 충돌을 막기 위해서는 차량의 앞뒤 양 끝을 잘라내는 것만이 답이라고 했어. 안 그렇소, 판사?"

모자 장수는 하얀 기사를 향해 몸을 돌리며 말했다.

"그랬지요."

하얀 기사가 말했다.

"저는 거기에 대해서 시로 표현했지요. 정확히는 이렇게 말이지요."

열차 충돌을 막기 위한

유일한 방법을 찾아냈다네.

엉망진창 나라의 앨리스

32 법률 고문은 법률에 관하여 개인, 단체, 기관의 자문에 응하여 의견을 말해 주는 일을 맡은 사람을 말한다.

그건 바로 열차의 뒤쪽 끝을 잘라내는 거라네.

마찬가지로 앞쪽 끝도 말이지.

충돌을 막기 위해서는 열차의 앞뒤 양끝을 잘라내는 거야.

"정말 대단해요!"

앨리스가 손뼉을 치며 소리쳤다.

"참으로 멋진 생각이에요."

Tip
뱅스가 남긴 명언

얼마나 어리석은가! 언젠가 죽을 운명인 인간들은.
자동차에는 아낌없이 정성을 쏟으면서
자신의 몸을 돌보는 시간은 그리 적으니 말이다.

"고맙구나."

하얀 기사가 말했다.

"너도 알다시피 나는 전부터 충돌에 대해 개인적으로 많은 연구를 해 왔단다.[33] 그리고 모자 장수 시장님께서는 하루가 멀다 하고 내게 찾아와 참신한 해결책을 찾아내라고 닦달하셨지. 그러다 나는 두 열차가 충돌할 때, 항상 중간이 아니라 양 끝부분이 충돌한다는 것을 알아냈지.[34] 그렇다면 결론은 뻔한 게 아니겠니? 열차의 양 끝부분이 충돌에 매우 훌륭하니(venerable)[35] 양 끝을 없애 버리는 거지."

"공무원 치고는 아주 주도면밀하고 성실한 친구라니까."

삼월 토끼가 앨리스 옆에서 속삭였다.

"우리가 시유제 체제의 연방정부를 설립하면, 저 친구를 대법원 판사로 임명할 거야. 그가 말한 '훌륭하다'라는 의미는 사실 '약점이 있다'라는 뜻이지만, 거기에 대해서는 신경 쓸 것 없어. 우리 시에서는 영어도 시의 재산으로 보기 때문에 앞으로는 '훌륭한(venerable)'이라는 단어를 '약점이 있다(vulnerable)'라는 뜻으로 쓸 거야."

"문제는 어떻게 열차의 양 끝을 잘라내느냐 하는 건데 말이지."

모자 장수가 입을 열었다.

33 『거울 나라의 앨리스』에서 하얀 기사는 승마 솜씨가 형편없는 인물로 묘사된다. 예컨대 말이 멈추었을 때는 걸핏하면 앞으로 떨어졌고, 말이 출발하면 대부분 뒤로 떨어졌다. 가끔 옆으로 떨어지는 경우도 있었다. 하지만 연습과 발명에 대한 욕구만은 엄청난 인물이다. 이 책의 작가는 원작의 특징을 살려 하얀 기사를 '충돌'과 관련시켰다.

34 열차는 철로 위를 일렬로 달리기 때문에 자동차가 다니는 도로에서처럼 좌우나 중간 부분이 충돌하지 않고, 앞뒤 양 끝부분만 충돌한다는 의미이다.

35 하얀 기사는 '약점이 있다(vulnerable)'라는 말 대신, 비슷한 단어인 '훌륭한(venerable)'이라는 잘못된 단어를 썼다.

"나는 공공개발 부서의 기관장에게 시험을 해보라고 했지. 그랬더니 세상에, 차량의 양 끝을 아무리 잘라내도 여전히 또 다른 양 끝이 생기는 게 아니겠어? 끝도 없이 자르고 또 잘라도 마찬가지였지. 뭔가의 양 끝을 자르고 잘라도 끝이 없다니 그것 참 오묘한 과학적 사실이 아닐 수 없더란 말이지. 우리는 열차뿐만 아니라 호스나 전선, 밧줄 등 생각할 수 있는 모든 걸 가지고 실험해 봤지만 결과는 늘 마찬가지였지. 끝을 자르는 건 끝도 없었고, 그 무엇도 예외가 없었거든. 사실 끝은 두 배씩 불어났지. 그러니까 끝이 두 개 있는 열차의 중간을 자르니 끝이 두 개가 아니라 네 개로 불어나지 뭐야."

"정말 그렇군요!"

앨리스가 경탄하며 외쳤다.

"확실히 그랬지."

모자 장수가 말했다.

"이후 그 문제에 대해 도통 진전이 없었지. 어느 날 밤, 내게 번득이는 아이디어가 떠오르기 전까지는 말이야. 시의 소유가 아닌 것은 아무것도 사용하지 않고자 하는 내 신념에 따라, 나는 그날도 공원 벤치에서 잠이 들었지. 내가 벤치에서 꾸벅꾸벅 졸고 있던 참에 느닷없이 내 머릿속에서 완벽한 계획이 짠- 하고 펼쳐졌어. 그건 바로 둥근 고리처럼 된 열차를 만드는 거였지! 도시를 빙 둘러쌀 만큼 기다란 단 한 대의 열차 말이지. 이 열차라면 많은 문제를 한꺼번에 해결할 수 있을 터였지. 일단 열차가 단 한 대 뿐이니 앞에 다른 차량이 올 수도 없고, 앞 차를 놓쳐서 다음 열차를 기다려야 하는 짜증나는 상황 자체도 없어지지. 뿐만 아니라 다른 열차와 충돌할 일도 없고 말이야. 어디 그뿐이겠어? 열차가 한 대 뿐이니 순번마다 기관사와 차장도 한 명씩만 있으면 충분하다고. 덕분에 다른 기관사와 차장들은 댄스교습이나 예의범절을 배울 시간도 생기는 거지. 단 한 대뿐인 열차가 영원히 고정되어 있다면 사람들이 기차를 놓칠 일 따위도 전혀 없다고.

열차가 움직이지 않으니 전력을 아낄 수 있고, 시의원들에게 시건방지게 구는 기관사를 밖으로 내던진다 해도 다치지 않으니 일석이조이지. 게다가 열차에 치이는 사람도 없고, 타고 내릴 때 부상당하는 사람도 없을 테지. 설사 승객이 타고 내릴 때 기관사가 승객을 미처 확인하지 못했다 하더라도 아무 문제도 일어나지 않는다고.

또 기다란 고리 형태라서 돌아다닐 공간도 충분하고, 앞뒤 승강

대가 없어서 사람들이 서 있다가 커브를 돌 때 밖으로 튕겨 나갈 염려도 없지. 열차가 움직이지 않으니 노반을 유지보수 하는 비용도 전혀 들지 않고, 설령 땅이 푹 꺼진 곳을 지난다 해도 전혀 흔들림이 없지. 무엇보다 원형 열차의 가장 좋은 점은 바로 끝이 없기 때문에 반대쪽 끝과 충돌하지 않는다는 점이란다. 한 마디로 절대적으로 안전하다는 말씀이지! 자기 자신과 충돌하는 차는 세상에 없으니까. 그렇지 않니?"

내게 번득이는 아이디어가 떠올랐지.

"맞아요. 자기 자신과 부딪치는 차는 세상에 없죠."

앨리스가 대답했다.

"두말하면 잔소리지요. 이전에 그런 일이 일어난 적은 단 한 번도 없으니, 앞으로도 절대 그런 일은 없겠지요."

삼월 토끼가 맞장구를 쳤다.

"시민들이 그 열차를 마음에 들어 하나요?"

앨리스가 물었다.

"차차 그렇게 될 거란다."

모자 장수가 입을 열었다.

"처음에는 아무도 그 열차를 타려고 하지 않았어. 그걸 타 봤자 아무데도 갈 수 없다고 생각했으니까. 게다가 집까지 걸어가야 한다는 데 치를 떨었지. 하지만 얼마 지나지 않아서, 우리는 걷는 것이 얼마나 건강에 유익한 운동인지 증명해 보였단다. 그리고 비라도 내리는 밤이면 덮개가 있는 열차가 있으니 이 얼마나 편리한 일이야! 특히나 우산이 개인 소유였던 과거라면 우산을 집에 놔두고 왔을 때는 꼼짝없이 비를 맞아야 했겠지만, 지금은 이 덮개 달린 열차를 이용하면 그만이지.

그럼에도 불구하고 제 성질을 못 이긴 일부 시민들이 차장에게 건방진 소리를 한 경우가 두어 차례 있었는데, 차장은 그들을 불경죄[36]로 감방에 처넣어버렸지. 정부의 일을 하는 공무원으로서 차장은 자신에게 건방지게 구는 이들을 폭동죄로 체포할 권리가 있거든. 결국 차장에게 반항하던 치들은 감방에서 며칠 지내다 보면 대개는 정신을 차렸지."

"시장님이 도시를 세운 후에, 선거를 한 적이 있나요?"

앨리스가 모자 장수에게 물었다. 앨리스의 아버지는 한때 시장에 출마했던 적이 있던 터라, 앨리스는 어린 나이에도 불구하고 어느 정도 정치에 대한 식견이 있었다.

"아니, 한 번도 안 했단다."

모자 장수는 태평하게 웃으며 대답했다.

"하지만 봄에는 선거를 치를 거야. 뭐, 그래 봤자 어차피 우리가 재선할 테지만 말이야."

"그걸 어떻게 알죠? 시민들이 시유제를 좋아하지 않을지도 모르잖아요."

앨리스가 이의를 제기했다.

"그거라면 걱정 붙들어 매려무나. 사람들은 틀림없이 시유제에 찬성할 테니까."

36 불경죄(lese majesty)는 마땅히 높여야 할 사람이나 사물에 대하여 예를 갖추지 아니함으로써 짓는 죄를 말한다. 이 책의 원문에서는 lese majesty 대신 lazy majesty라고 의도적으로 틀린 표현을 썼다.

모자 장수가 자신 있게 말했다.

"그러니까 우리는 우리 시유제 조직 내에 상당수의 유권자들을 고용했거든. 우리 임기가 끝나면 정확히 그네들의 임기도 만료되지. 그러니까 유권자들이 우리에게 반대하는 투표를 한다면, 결국 자기 자신들에게 반대하는 표를 던지는 셈이야. 바로 이런 식으로 우리 시유제 체제는 자기 범죄(self-perpetrating)를 유지하는 거지."

"모자 장수가 말하려는 건 시유제 체제가 자기 영속적(self-perpetuating)이라는 거야."

삼월 토끼가 앨리스에게 슬쩍 귀띔했다.

"아, 그렇군요."

앨리스가 고개를 끄덕였다. 그때, 화재 경보음 같은 요란한 소리가 열차 내에 울려 퍼졌다. 그러자 모든 승객들이 벌떡 일어나 우르르 문 쪽으로 달려가기 시작했다.

"도대체 무슨 일인가요?"

앨리스가 다른 사람들을 따라 헐레벌떡 뛰어가며 겁먹은 목소리로 물었다.

"걱정할 것 없어. 우리가 열차에 머무를 시간이 종료되었다는 걸 알리는 신호일 뿐이니까."

Tip
뱅스가 남긴 명언

내 배는 항해를 계속해 나가노라.
비록 오늘 안개가 자욱할지라도 청명한 바다가 곧 나타나리니.
마지막으로 도착할 항구가 어디이건 간에,
바다를 항해하는 것 자체로도 충분히 즐겁지 아니한가.

모자 장수가 대답했다.

"이제 모두 열차에서 내려서 다른 사람들이 이용할 수 있도록 자리를 비워 줘야 해. 우리 시에서는 누구도 뭔가를 독점해서는 안 되거든. 이제 밖에 나가서 우리 시의 가스 공장을 구경 시켜 주마. 그 공장은 세계 7대 불가사의의[37] 중 하나란다."

그리하여 열차에서 내린 앨리스와 일행은 거리를 따라 공장을 향해 걸어갔다.

37 세계 7대 불가사의는 지구에서 불가사의한 것으로 여겨지는 7가지 사물을 일컫는다. 학자에 따라 대상이 조금씩 다르다. 하지만 고대 수학자 필론의 저서에 따르면, 이집트 기자에 있는 쿠푸왕의 대 피라미드, 바빌론의 공중정원, 로도스 섬의 크로이소스 거상, 올림피아의 제우스 신상, 에페수스의 아르테미스 신전, 핼리카르낫소스의 마우솔루스 왕 능묘, 알렉산드리아의 파로스 등대를 꼽을 수 있다. 그 외 이집트의 피라미드, 로마의 콜로세움, 영국의 스톤헨지, 이탈리아의 피사의 사탑, 중국의 만리장성 등을 꼽는 학자들도 있다.

제3장

향기로운 가스 공장

———

앨리스와 일행은 삼월 토끼가 이르길 '사유 재산 체제 하에서라면 꿈도 꾸지 못할, 매우 안전하고 합리적이며 놀랍도록 위대한 열차'에서 내려 큰 길을 따라 걸었다. 장미 덤불과 협죽도, 제라늄 등으로 아름답게 꾸며진 대로를 따라 걷다 보니 일행은 어느덧 멋스러운 작은 공원이 딸린 건물의 입구에 당도했다. 입구에는 커다란 간판이 있었고, 거기에는 '엉망진창 나라의 가스 공장'이라고 적혀 있었다.

솔직히 앨리스는 가스 공장 따위는 그다지 방문하고 싶지 않았

Tip
뱅스가 쓴 또 다른 '앨리스 같은(Alice-like)' 작품, 『상징(象徵) 나라
의 롤로(Rollo in Emblemland)』

뱅스는 『엉망진창 나라의 앨리스』 이외에도 루이스 캐럴의 『이상한 나라의
앨리스』와 비슷한 분위기의 작품을 한 편 더 썼는데, 『상징(象徵) 나라의 롤로
(Rollo in Emblemland)』가 그것이다.

이 책은 주인공 롤로(Rollo)가 잠을 자다가 상징 나라로 가서 사랑의 상징인
'큐피드', 미국의 상징인 '엉클 샘', 지혜의 상징 '올빼미' 등을 만나 여행하는
이야기다.

다. 일전에 앨리스는 차를 타고 항구로 가던 중 가스 공장 지대를 지나친 적이 있었다. 앨리스의 기억 속에서 그곳은 전혀 유쾌한 곳이 못 되었다. 공장 주변은 지저분했으며, 기름 공장에서 나는 냄새 역시 불쾌하기 짝이 없었다.

하지만 이곳 엉망진창 나라에서는 모든 게 완전히 달랐다. 숨도 쉬지 못할 고약한 공기를 내뿜는 거대하고 흉물스런 모양의 증류기[38]가 우뚝 솟아 있는 대신, 이곳의 증류기는 누구든 기꺼이 거닐고 싶을 만큼 아름다운 정원에 둘러 싸여 있었다. 게다가 증류기의 모양은 둥글고 거대한 붉은 색 강철 뚜껑이 덮여 있는 보통의 증류기와 달리, 마치 카네기 도서관[39]을 연상시키는 고전적 건축미를 갖추고 있었다.

"우리는 이걸 '우아한 증류기'라고 부른단다."
모자 장수는 그 구조물을 흡족한 듯 바라보며 자랑스레 말했다. 그러고는 감탄하는 기색이 역력한 앨리스에게 빙그레 웃어 보였다.
"너도 느꼈겠지만 우리는 늘 세련미와 우아함, 예의범절을 중시한단다. 덕분에 우리가 만들어 낸 모든 것들에서 예의와 공경의

38 증류기(retort)는 물질들을 데워 화학반응을 일으킴으로써 가스 물질을 만들어 내는 용도로 쓰이는 밀폐된 관을 말한다.

39 카네기 도서관은 스코틀랜드 출신의 미국의 산업자본가인 앤드류 카네기(Andrew Carnegie, 1835-1919)가 영국과 미국 전역에 세운 도서관이다. 카네기는 US 스틸사의 모태인 카네기 철강회사를 설립했고 교육과 문화 사업에 헌신했다. 그는 1881년에 카네기의 고향 던펌린을 시작으로 미국과 영국에서 2천 5백 개 이상의 도서관을 세웠다.

정신을 느낄 수 있지. 하지만 사유재산 체제에서 만들어진 가스 공장에서는 우아함이라고는 눈곱만치도 찾아볼 수 없어. 늘 거칠고 조잡한데다 거슬리는 구조물이 우뚝 서 있어서 대중들에 불쾌감만 준단 말씀이야. 우리의 가장 큰 업적은 바로 그 흉물스러운 구조물을 승거(subliminate)[40]시키는 거지.”

“제거(eliminate)겠지.”

삼월 토끼가 혼잣말로 중얼거렸다.

“방금 뭐라고 했나? 삼월 토끼 의원.”

모자 장수가 쏘아대듯 말했다.

“나는 ‘제거’라는 뜻으로 한 말이 아니야. 단순히 억압해서 몰아낸다는 의미가 아니라, 더 고상하게 바꾼다는 뜻이지. 나는 바로 그런 뜻으로 쓴 말이네.”

“죄송합니다.”

삼월 토끼가 최대한 온순하게 말했다.

“저는 아직 시유제 사전에서 Q로 시작하는 단어까지밖에 익히지 못했거든요. 허나 시장님, 제가 알기로는 시의회에서 ‘승거’라는 단어를 아직 통과시키지 않은 걸로 알고 있습니다만.”

삼월 토끼가 열성적으로 덧붙였다.

40 subliminate는 '승화시키다', '고상하게 하다'라는 뜻의 sublimate와 '제거하다'라는 뜻의 eliminate를 합성하여 작가가 새롭게 만들어 낸 단어이다. 이책에서는 '승거'라는 말로 옮겼다.

"바로 어제 시 자치 위원회에서 그 '승거'라는 단어를 합법적인 단어로 결정했네."

모자 장수는 잘라 말했다.

"내가 쓴 보고서에 따르면 '승거'라는 단어는 누구의 권리도 침해하지 않고, 기득권익을 결코 손상시키지도 않는 완벽히 공정하고 적절한 단어이므로 지극히 합법적이라네. 그러니 나는 시의회가 그 단어를 승인하건 말건 상관없이 그 단어를 사용하겠네. 만일 시의회에서 그것이 부적절한 단어라고 결론을 내린다면 나는 거부권을 행사하겠어. 그리고 자네가 그 단어를 좋아하지 않는다면 자네를 사임시키겠네."

"사정이 그렇다면 제 반대를 철회하지요."

삼월 토끼가 냉큼 말했다.

"꼬마 아가씨, 잘 봤지?"

모자 장수가 앨리스를 향해 고개를 돌리며 의기양양하게 말했다.

"시유제의 위대한 점은 바로 시의원들 역시 시의 소유라는 데 있지. 하얀 기사가 1906년 10월에 시 자치 위원회의 견해를 담은 시적(詩的)인 보고서, 제347권 926페이지에 썼다시피 말이지. 거기에는 이렇게 나와 있단다."

시(市)는 언제가는

가스를 소유하지 않을 수도 있어,

이발소도, 자동차도.

아스파라거스조차 기르지 않게 될 수도 있지.

혹은 술집도, 큰 호텔도

혹은 닭들도 말이지.

하지만 시가 마지막 순간까지 한결같이

소유하는 게 있다면,

그건 바로 시의원들이라네.

"의원들이 개인에게 소유되면 공공의 이익에 방해가 되지. 하지만 우리처럼 시의원들이 시의 소유인 경우라면, 의원들은 시에서 시키는 대로 고분고분하게 따라야만 하지. 그렇지 않으면 의원직에서 쫓겨나게 될 테니까."

"그것 참 그럴듯하네요."

그 상황에서 앨리스가 떠올릴 수 있는 말은 그뿐이었다.

"그러니까 말이다, 시의원이 시의 명령을 거역하거나 주제넘게 참견하면 말이지……."

모자 장수가 입을 열었다.

"그러면 의원직도 끝장나는 거지!"

삼월 토끼가 투덜대며 말했다.

"가스 공장을 인수했을 때 우리는 가스 공장의 외관을 건축학적, 그리고 후각적 아름다움을 최대한 살려서 '승거(sublimify)' 시키는 것을 최우선으로 했지. 그러니까 민간 기업들은 거의 고려하지 않는 시각적 아름다움과 후각적 아름다움을 추구하는 것이 우리의 목표였단다. 나는 스스로에게 다음과 같은 두 가지 질문을 던졌지. 첫 번째는 '가스 공장은 반드시 흉물스러워야만 하는가?' 하는 질문이었고, 두 번째는 '가스 공장이 꼭 그렇게 악취를 풍길 필요가 있는가?' 하는 것이었지. 가스 공장에 비하면 자동차 냄새는 향기로울 정도니 말이야! 이 두 가지 질문에 대한 대답은 물론 전혀 그럴 필요가 없다는 것이었지!

세상 모든 것들에는 미적 기준이 늘 고려되어야만 한단다. 냄새

Tip
'뱅스 판타지'의 창시자인 뱅스

뱅스는 '뱅스 판타지(Bangsian Fantasy)'라는 새로운 장르를 개척했다. 뱅스 판타지란 셰익스피어, 소크라테스, 나폴레옹, 공자, 허풍선이 남작 등 유명한 역사적 또는 문학적 인물들을 한곳에 끌어와 사후세계를 무대로 사건이 펼쳐지는 이야기들을 말한다.

뱅스 판타지의 대표적인 작품으로는 『스틱스 강의 하우스보트(A House-Boat on the Styx)』, 『하우스보트의 추격(Pursuit of the House-Boat)』, 『마법에 걸린 타자기(The Enchanted Type-Writer)』 등이 있다.

역시 마찬가지지. 지금의 가스 그 자체는 고약한 냄새가 나지만, 사람들이 기꺼이 손수건에 뿌리고 다닐 수 있을 만큼 향기로운 가스를 만들지 못할 이유가 뭐가 있겠니? 나는 캘리포니아의 버뱅크 교수[41]가 소파 쿠션으로 쓸 수도 있을 만큼 부드러운 가시 없는 선인장을 개발했다는 이야기를 들었지. 그 소식을 듣고 나는 이렇게 자문했단다. 그렇다면 버뱅크 교수가 제비꽃이나 장미꽃 같은 향기를 내는 가스 공장(gas plant)[42]을 개발해 내지 못할 것도 없다고 말이지!"

모자 장수가 말했다.

"그게 과연 가능한가요?"

앨리스가 물었다.

"사리사욕적인 마음가짐으로는 도저히 극복할 수 없는 문제지."

모자 장수가 말했다.

"하지만 나처럼 공공의 마음가짐으로 접근한다면 세상에 불가능한 것은 아무것도 없단다. 가시 없는 선인장을 만든 것처럼, 특정 식물로 도무지 불가능해 보이는 일을 기필코 해냈다면, 다른 식물(plant)을 가지고 또 다른 불가능해 보이는 일을 해내지 못하리라는 법이 어디 있겠니? 그래서 나는 즉시 버뱅크 교수에게 10만

41 루터 버뱅크(Luthur Burbank, 1849-1926) 교수는 미국의 원예개량가로, 세계 각지로부터 많은 품종을 주문하여, 과수 · 화초의 선택, 교배에 의하여 다수의 품종을 개량하는 데 성공했다. 특히 가시 없는 선인장의 개량과 해국을 품종 개량한 샤스타데이지(Shasta daisy) 등이 널리 알려져 있다.

42 'plant'는 '공장'이라는 뜻도 있지만 '식물'이라는 뜻도 있다. 작가는 식물(plant)을 연구하는 버뱅크 교수의 업적을 '공장(plant)'과 연관시켜 중의적인 의미를 살렸다.

달러치의 가스 개선 공사 채권을 지급하는 조건으로, 우리 시의 가스 공장을 화끈하게 개조해 줄 수 있는지 이곳에 와서 봐 달라고 요청했지."

"그것 참 반가운 소식이네요."

앨리스가 진심으로 기뻐하며 말했다.

"버뱅크 교수님을 만나서 씨 없는 사과(coreless apple)를 발명해 주셔서 정말 감사하다고 전해 드리고 싶어요."

"설마 콜리스 엔진(Corliss Engine)[43]을 말하는 건 아니겠지?"

하얀 기사가 물었다.

"하지만 유감스럽게도……."

모자 장수가 입을 열었다.

"버뱅크 교수는 우리가 채권 대신 진짜 돈을 지급하기 전에는 절대로 오지 않겠다고 하더군. 물론 그 사실을 언론에 흘리지는 않았지만, 그런 태도는 시유제의 가장 고귀한 원칙에 전혀 어울리지 않는 행동이지. 사람들이 공공의 이익을 위해 일한다면, 마땅히 공공 기금으로 그 대가를 받는 것에 만족해야 한다고 우리는 강력하게 믿고 있거든. 그리고 시유제 하에서 가장 일반적인 자금은 바로 시에서 발행하는 채권이란다. 그래서 우리는 버뱅크 박사

43   콜리스 엔진(Corliss Engine)은 미국의 엔지니어인 조지 헨리 콜리스 (George Henry Corliss)가 1849년에 만든 높이 약 13m, 지름 약 17m의 초대형 증기 엔진이다. 콜리스 엔진은 1876년 필라델피아 독립 100주년 박람회에 전시되어 각종 전시물의 동력을 제공했다. 이 엔진은 당당한 위용을 자랑하며 미국의 힘을 과시하는 전시물로 주목을 받았다. 여기서는 하얀 기사가 앨리스가 말한 '씨 없는 사과(coreless apple)'를 '콜리스 엔진(Corliss Engine)'으로 잘못 알아듣고 질문했다.

나부랭이에게 다시 편지를 써서, 그처럼 재능 있는 사람이 공공의 번영보다 자신의 사리사욕을 중시하는 데 대한 유감을 표했지. 그리고 그의 야비한 태도를 비꼬아 주기 위해, 그가 우리에게 보낸 편지에 붙인 2센트짜리 우표 비용에 대해서 금리 4퍼센트짜리 2963 지급 연체 승인서 다섯 장을 동봉했지."

"4퍼센트짜리 2963 지급 연체 승인서가 도대체 뭔가요?"

앨리스가 물었다.

"그건 2963년에 지급받을 수 있는 상환기금 채권[44]이란다. 만일 우리가 2963년에 그 돈을 지급하지 못할 만큼 자금이 부족하다고 판단되면, 지급을 3963년까지 늦출 수도 있지."

모자 장수가 설명했다.

"참으로 독창적인 아이디어지. 나는 플로리다 주의 탕진마을(squan-tumville)[45]에 있는 괴짜(Wack)[46] 경영 대학의 지급거부 분야의 전문 교수인 괴짜(Wack)박사의 경제이론에서 아이디어를 얻었지. 이 이론은 부채 부담을 절대적으로 줄여주는 유일무이한 경제이론이란다. 어쨌든 버뱅크 박사가 사람들에게 향기로운 가스를 제공하는 고무적이고 위대한 일보다, 고작 파인애플이나 접시꽃 따위를 갖고 노는 변변찮은 일이나 하겠다고 하니, 결국 향기로운 가스를

44 상환기금 채권(sinking fund)은 채권의 상환자원을 확보하기 위하여 적립하는 자금이다. 감채기금 채권이라고도 한다.

45 squantumville은 '탕진하다'라는 뜻의 'squander'와 마을(village)의 합성어로, 작가가 만들어 낸 가상의 마을이다.

46 wack은 '지독한, 머리가 돈, 괴짜의'라는 뜻으로, 웩(Wack) 박사와 웩(Wack) 대학은 작가가 지어낸 가상의 박사 및 대학 이름이다. 이 책에서는 '괴짜'로 번역했다.

만드는 대업은 내가 직접 하기로 결심했지."

"모자 장수 시장님은 진정한 발명의 천재시니까요."

지금 거부 분야의 전문 교수인
괴짜 박사의 경제이론에서 아이디어를 얻었지.

삼월 토끼가 모자 장수의 말에 열렬히 맞장구치며 말했다.

"고맙네, 삼월 토끼 의원."

모자 장수가 말했다.

"자네의 견해가 내 의견과 이렇게 딱 맞아 떨어지다니 참으로 기쁘군. 어쨌든 앞에서 말했다시피 나는 나 혼자서 어떻게든 그 문제를 해결해 보기로 결심했지."

"그러셨군요. 그래서 시장님은 우선 기존 방식으로 가스를 제조하는 법을 연구한 후에 새롭게……."

앨리스가 말했다.

"아니, 전혀 그럴 필요가 없었지."

모자 장수는 앨리스의 말을 자르며 말했다.

"그건 절대 안 될 일이지. 안 되고말고. 그랬다면 틀림없이 끔찍한 결과가 나왔을 테니까. 기존의 방식으로 가스를 제조하는 방법을 조금이라도 알고 있는 사람들은 향기로운 가스를 만드는 것은 불가능하다고 입을 모으더란 말씀이야. 그래서 곰곰이 생각해 본 결과, 기존의 가스 제조방식에 대해 완전히 무지한 사람만이 향기로운 가스를 제조할 수 있다는 결론에 도달했지. 그리고 이 세상에 나만큼이나 가스 제조에 대해 무지한 사람은 찾아 볼 수 없었으니, 가스 개혁 사업을 달성할 인물로는 두말할 것도 없이 내가 적임자였던 거야! 그래서 나는 온몸을 다 바쳐 그 일에 뛰어들었고, 그렇게 하자 모든 일이 일사천리로 척척 진행되었지. 기존의 가스 제조방식에 대해 전적으로 무지했으니 구닥다리 선입견이나 편견도 없었고, 시나치게 꼼꼼하게 따지고 챙기느라 발생하는 방해 요소들도 이 몸에게는 전혀 문제가 되지 않았다는 말씀이지! 그래서 나는 고작 일주일도 채 되지 않아서 그 일을 해냈지!
나는 가스탱크 안에 오드콜로뉴[47]를 반쯤 채운 후에, 뜨거운 공기
를 주입해서 탱크를 가득 채웠지. 나는 오드콜로뉴가 공리적인
(axiomatic) 기름을 섞은 알코올일 뿐이라는 사실을 제대로 파악했
던 거지……."

"'공리적인(axiomatic)'이 아니라 '향기로운(aromatic)'이겠지요."

삼월 토끼가 잠시 분위기 파악을 못하고 또다시 끼어들었다.

모자 장수는 얼굴을 찌푸리며 삼월 토끼 의원을 쏘아 보았다. 싸
한 분위기 속에서 잠시 정적이 흘렀고, 마침내 하얀 기사가 삼월
토끼를 변호하기 위해 입을 열었다.

하얀 기사가 삼월 토끼를 변호하기 위해 나섰다.

47 오드콜로뉴는 화장수의 일종으로, 알코올 수용액과 향유를 섞어 만든 것
으로 상쾌한 감귤류의 향내가 난다.

"냄새에 '공리적'인 단어를 적용하는 것을 합법화하는 문제에 대해서는 아직도 의견이 분분합니다. 시장님."

하얀 기사가 말했다.

"만일 모든 냄새가 반드시 '공리적'이라면 우리는 냄새를 제거할 수 없게 되니까요. 그리고 삼월 토끼 의원은 언어 교정 분야의 탁월한 권위자이십니다."

"음…… 알겠네."

모자 장수가 마지못해 입을 열었다.

"뭐 그런 셈 치자고. 개인적으로는 '공리적'이라는 단어를 더 선호하네만, 공직자의 개인적 선호가 공적 집행에 영향을 주어서는 안 되니 할 수 없지. 나는 늘 법에 의거해서 일을 처리하려고 노력하거든. 그러니 법에서 '향기로운'이라는 단어가 옳다고 한다면 거기에 따라야지. 어쨌든 아까 하던 말을 계속하자면, 나는 오드콜로뉴가 향/기/로/운/ 기름을 섞은 알코올일 뿐이라는 사실을 제대로 이해했지. 그리고 알코올이나 기름은 둘 다 잘 탄다는 공통점이 있다는 것도 말이야. 그러니 알코올과 기름이 섞인 그 오드콜로뉴에 뜨거운 공기를 통과시키면 그것 역시 잘 타지 못할 이유가 어디 있겠니? 뿐만 아니라 가스에 향기까지 실어 보내니 이야말로

Tip
시인으로서의 뱅스

뱅스는 맥클루어 〈신디케이트(McClure Syndicate)〉 신문에 하루 한 편씩 시를 기고하기도 하는 등 다수의 시를 썼다.

일석이조 아니겠어."

"정말 멋진 아이디어에요."

앨리스가 말했다.

"우리 시유제가 일궈낸 아이디어 중에서 멋지지 않은 건 하나도 없단다."

삼월 토끼가 맞장구쳤다.

"우리가 유일하게 깐깐히 따지고 고려하는 게 있다면 말이다, 실용성 때문에 미적 가치를 포기하지 않는 거란다."[48]

"그러면 그 향기로운 가스 공장은 어떻게 작동되나요?"

앨리스가 잔뜩 흥미를 보이며 물었다.

향수로써는 꽤나 훌륭하단다.

48 엉망진창 나라에서는 '가스를 이용하여 불을 밝히는' 본질적이고 실용적인 문제보다는 향기니, 아름다움이니 하는 형식적인 것들에 훨씬 더 큰 가치를 두고 있음을 단적으로 보여 주는 문장이다.

"아주 아름답게 작동되지."

모자 장수가 말했다.

"도무지 불이 붙지 않는 점만 제외하면 말이지. 그 이유는 도저히 알 수가 없었지만……. 어쨌건 그건 향수로써는 꽤나 훌륭하단다. 새로운 가스 시스템으로 바꾼 첫날 밤, 사람들이 집에서 가스를 켠 순간 이들은 마치 장미가 우거진 정원에 온 듯한 짙은 장미향을 맡을 수 있었지. 사람들은 그 향기를 너무 마음에 들어 한 나머지, 집안에 있는 가스를 모조리 켰고 그것으로도 모자라서 하루종일 켜놓았지. 덕분에 불과 일주일 내에 기존 방식보다 두 배나 많은 가스 소비가 이루어졌지. 계량기는 기존과 동일한 것을 쓰거든. 뿐만 아니라 생명 구조적 장치 면에서도 내 발명품은 뛰어난 가치를 입증하지. 일단 가스 폭발 위험도 없고 가스 설비질식(gas-fixturated)[49]으로 다음날 아침에 쓰러진 채 발견되는 사람도 더 이상 나오지 않았거든."

49 가스 설비질식(gas-fixturated)은 작가가 만들어 낸 말로, 가스 설비(fixture)라는 말과 질식하다(asphyxiated)를 합성하여 '가스 설비로 인한 질식'이라는 의미로 쓰였다.

아무도 가스 설비 질식으로 쓰러지는 사람이 없었지.

"참으로 멋진 단어입니다. 기존의 사유재산 체제 하에서 쓰던 '질식(asphyxiated)'이라는 단어보다 훨씬 더 심오한 뜻을 담고 있고 말이지요."

삼월 토끼가 말했다.

모자 장수는 삼월 토끼의 아첨 섞인 칭찬에 흐뭇하게 고개를 끄덕이며 그의 말에 동의했다.

"게다가 예전과는 달리 가스로 자살하는 일도 생기지 않았단다. 가스가 아니라 뜨거운 바람만 나올 뿐이니까 숨을 들이쉴 때 폐 건강에도 좋지. 항상 뜨거운 공기를 사용하니 얻을 수 있는 장점

Tip

뱅스가 남긴 명언

내게 그 어떤 슬픔이 닥치더라도 나는 그 슬픔을 내일로 미룰 것이다.
그리고 내일이 오늘로 바뀌면 나는 다시금 기뻐할 것이다.

이 많단다."

모자 장수는 말을 이었다.

"허나 그걸로 불을 켤 수는 없단다. 사실 사람들이 불을 켜려고 시도해 보았지만 소용없었지. 가스에 성냥불을 가져다 대 보아도 이내 꺼져버렸거든. 하지만 그것 역시 높이 평가할 만한 점이었지. 가스에 성냥불을 갖다 대었을 때 성냥불이 곧 꺼져버린다면 불이 붙은 성냥을 쓰레기통에 던지는 부주의한 습관으로 인한 화재 발생률을 줄일 수 있으니 말이야."

"확실히 그렇지요."

하얀 기사가 근엄하게 말했다. 그의 어조가 너무나 확고했기에 앨리스는 감히 반론을 제기할 엄두를 내지 못했다.

"우리는 모두 그 점에 동의했지."

모자 장수가 말했다.

"하지만 그럼에도 불구하고 여전히 불평하는 사람들은 있었단 다. 특히 자기 집에 서재를 갖출 정도로 돈이 많은 자본가들이 그 랬지. 이들은 가스등[50]이 들어오지 않아서 밤에 책을 읽지 못한다 고 투덜대더군. 그래서 내가 말했지. 만일 책을 읽고 싶다면 기름 램프와 전깃불이 있는 공공 도서관에 가서 실컷 읽으라고 말이

50 이 책이 발표된 1900년대 초반에는 많은 가정에서 가스등을 사용했다. 가스등은 영국의 발명가인 윌리엄 머독(1754-1839)의 발명품으로, 특수 제작된 증류기에 석탄을 넣고 열을 가해 태우는 방식으로 불을 밝혔다. 이후 영국 기술자인 프레데릭 윈저(1763~1830)는 세계 최초의 가스 회사를 설립했으며, 이 회사는 각국의 도시에 설치된 도시가스 사업의 발단이 되었다. 가스등은 에디슨이 전기를 보급시키기 전까지 미국 주요 도시의 관공서 및 가정에서 널리 쓰였다.

지. 게다가 밤에 책을 읽는 건 눈 건강에도 좋지 못하다고 말해 주었지.

또 어떤 사람들은 밤에 너무 깜깜해서 잠자리에 들 준비를 하는 게 불편하다고 투덜대지 뭐야. 여기에 대한 해결책은 아주 간단한데 말이야! 사람들이 잠자리에 들 때 앞이 보이건 말건 무슨 상관이람! 아침에 몸단장을 할 때는 앞이 잘 보여야 마땅하지만, 잠자리에 들 때는 그냥 옷을 벗고 침대로 기어 들어가면 그만인 것을. 그리고 나는 그런 단순한 일도 할 줄 모르는 작자들에게는 보모가 필요하다고 말해 줬지. 결국 일부 극단적인 불평분자들은 대중 집회를 열어 새로운 가스는 제대로 된 가스가 아니라고 항의하더군. 그리고 이에 의거하여 가스 세금 납부를 거부하더란 말이지."

"어머! 상황이 정말 심각했군요."

앨리스가 말했다.

"처음에는 그랬지."

모자 장수가 말했다.

"하지만 바로 그러던 참에 아름답고 숭고한 시유제 체제가 사태 해결을 위해 나섰지. 나는 시의회 특별 회의를 소집했고, 의원들은 단번에 그 문제를 해결 지었단다."

Tip

뱅스가 남긴 명언

대혼란은 우리를 지배하는 것이 아니라, 우리를 덮친다.

"그것 참 잘되었군요! 어떻게 해결하셨나요?"

앨리스가 물었다.

"그들은 결의안을 통과시켰지."

모자 장수가 말했다.

"시의원들은 향기로운 열풍 가스가 가장 질 좋고 훌륭한 가스임을 만장일치로 선언했어. 그리고 거기에 토를 다는 사람들은 누구든지 경범죄로 처벌하기로 했단다. 나는 그 법령에 서명했고, 바로 그 순간부터 우리가 만든 가스는 법에 의해 가스로 규정되었지."

"그렇다면……."

앨리스가 입을 열었다.

"이미 그게 가스가 아니라고 말한 사람들은 어떻게 되었나요? 자신들의 주장을 철회했나요?"

"대부분은 그렇게 했지."

모자 장수가 껄껄 웃으며 말했다.

"그리고 주장을 철회하지 않은 사람들은 각각 500달러씩 벌금을 내고 6개월간 징역형에 처해졌단다. 우리는 많은 사람들을 한꺼번에 잡아넣기 위해 법을 소급적용할 수 있도록 만들었단다. 덕분에 그 이후에는 불평하는 사람이 단 한 명도 나오지 않았지."

이렇게 말한 후, 모자 장수는 앨리스에게 함께 가스 공장을 둘러 볼 것을 제안했고, 앨리스는 그 말에 따랐다. 공장 안은 장미 정원 보다 훨씬 더 진한 향기가 감돌았다. 앨리스는 모자 장수의 계획 이 결과적으로는 꽤 멋지다는 것과, 모자 장수가 제법 기발한 방 식으로 가스를 만드는 어려운 사업을 이루어 냈다는 사실을 인정 할 수밖에 없었다.

제4장

엉망진창 나라의 경찰

 앨리스와 일행이 엉망진창 나라의 가스 공장에서 향기를 실컷 즐긴 후, 모자 장수는 다음 일정을 결정하기 위해 간부 회의를 열어 몇 시간 동안 각료들과 회의를 진행했다. 이곳 엉망진창 나라에는 흥미로운 구경거리가 너무도 많았기 때문에 그 사안을 결정하기란 좀처럼 쉬운 일이 아니었다.

 특히 시의원인 삼월 토끼는 자신이 속한 조직의 권리에 매우 까다롭게 집착하는 경향이 있었기에, 그 문제를 시의회의 특별 회의에 보내서 결정해야 한다고 주장했다. 그러자 시의 법률 고문인 하얀 기사는 삼월 토끼의 요구에 응할 법적 근거는 전혀 없다고

Tip
뱅스가 남긴 명언

나는 자기 자신에게 진실할 것을 내 인생의 철학으로 삼고 있다. 혹자는 나를 허풍선이 남작과 같은 부류의 인간이라고 생각할지도 모르겠다. 하지만 나는 스스로를 뼛속까지 진정한 사실주의자라고 믿고 있으며, 단 한번도 눈앞에 드러난 진실을 외면한 적이 없다고 자부한다.

모자 장수에게 조언했다.

"관광 행위를 시유화하는 법령은 아직 통과되지 않았습니다."

하얀 기사가 말했다.

"그에 따라 우리 시를 찾아온 방문객들은 일행의 책임자가 결정하는 대로 어디든지 방문할 수 있습니다."

"그렇게 말한다면 어쩔 수 없군요."

삼월 토끼가 냉랭하게 말했다.

"그렇다면 나는 그 의견을 서면으로 기록했으면 합니다. 요즘 공무원들은 너무 얼간이(prune) 같아서 기록을 안 해놓으면 나중에 잡아떼는 경우가 많아서 말이지요."[51]

"'얼간이(prune)'가 아니라 '그렇게 하는 경향이 있는(prone)'이겠지."

모자 장수가 껄껄 웃으며 말했다.

"나는 얼간이(prune)이라는 말이 마음에 더 드는군요."

삼월 토끼가 어깨에 잔뜩 힘을 주며 말했다.

"요즘 공무원들은 사적인 대화에서 한 말을 얼간이처럼 부정해서 저를 곤경에 빠뜨리곤 한단 말입니다."

"알겠소. 삼월 토끼 의원을 위해서 기꺼이 서면으로 기록해 두지

51 '~하는 경향이 있는, ~하기 쉬운'이라는 단어 prone을 '얼간이', '보기 싫은 사람'을 뜻하는 단어인 prune으로 의미를 바꾸어 씀으로써 공무원들을 비꼬고 있다.

요."

하얀 기사는 이렇게 말하고는 주머니에서 분필을 하나 꺼내어 가스탱크 측면에 다음과 같은 내용을 적기 시작했다.

이후에 할 일에 관한 기록

의견 제 7,543,467,223번 문서 제29번

가스 탱크 6번

귀하는 시민들의 신발 가게,

혹은 새로 지은 마을 펌프,

시립 접착제 가게,

혹은 시에서 지정한 공식 얼간이를 방문할 수 있습니다.

또한 귀하는 사회적인 수탉,

혹은 시유 치즈를 구경할 수도 있습니다.

간단히 말해, 귀하는 마음 내키는 대로

어디든지 갈 수 있습니다.

(사인) 법률 고문 하얀 기사

하얀 기사는 가스 탱크 측면에 기록했다.

한편, 앨리스는 도시의 경찰 청장에게 인도되었다. 경찰 청장을
본 앨리스는 깜짝 놀랐다. 경찰 청장은 앨리스가 이상한 나라를

여행할 때 모자 장수의 다과회에서 만났던 도마우스[52]였기 때문이다.

"아니 어떻게 경찰 청장이 되셨나요?"

도마우스를 알아본 앨리스가 반가워하며 말했다.

"이 도시에서 나만큼 잠을 푹 잘 자는 이가 아무도 없었거든."

도마우스는 늘어지게 하품을 하며 대답했다.

"덕분에 저들이 나를 이 자리에 앉혔지, 꼬마 아가씨. 대부분의 경찰들은 정신을 지나치게 바짝 차리고 있는 탓에 말썽에 휘말리게 마련이거든. 경찰들이 눈에 불을 켜고 경찰 임무를 하다 보니 결국 뇌물을 받는 등의 부정 이득을 취하게 되는 거야.[53] 모자 장수의 시유 경찰 위원회에서 그 문제에 대해 조사해 보았더니, 잠을 많이 자는 경찰일수록 자기 이득에 방해되는 사람들을 괴롭히는 경우가 적더란 말이지. 과거에 소소한 범죄로 처벌받은 이력이 있는 경찰들에 대한 기록을 살펴보니, 이들은 모두 잠을 거의 자지 않는다는 공통점이 있었지. 하지만 공원 벤치나 골목에서 잠을 자고 있는 동안에는 부정 이득을 취하거나 무고한 노상강도에게 곤봉을 휘둘러 댄 경찰이 단 한 명도 없었지!

바로 그런 이유로, 그들은 '2월 한 달 동안 다섯 번째 목요일에

52 도마우스는 다람쥐와 비슷하게 생긴 동물로 야행성 동물이라 낮에는 주로 잠을 잔다.『이상한 나라의 앨리스』에서 도마우스는 삼월 토끼와 모자 장수 사이에 앉아 미친 다과회(A Mad Tea-Party)에 참가하는 캐릭터이다. 도마우스는 다과회 중 주로 잠을 자는데, 삼월 토끼와 모자 장수는 도마우스가 잠을 자는 동안 그를 쿠션처럼 써먹기도 한다. 도마우스는 주로 잠을 자다가 이따금씩 잠에서 깨서 대화에 끼어들거나 노래를 부르기도 하고, 당밀 우물 속에 살면서 당밀을 먹고 사는 자매들에 대한 황당한 이야기를 늘어놓기도 한다.

53 이 책이 발표된 19세기 초에 미국 경찰은 지방 분권화가 심했으며, 정치와 경찰의 유착에 의한 정치적 영향으로 효과적인 범죄 대처가 어려운 상황이었다. 경찰은 뇌물 수수와 정치 유착 등으로 악명이 높았기에 경찰 조직에 대한 시민들의 불신이 컸다.

만 잠에서 깨어 있는 도마우스 씨야말로 조직 최고의 경찰관'이라
고 말하더군. 그리고 최고의 경찰관으로서 내가 경찰 청장이 되어
야 마땅하다고 했지. 그래서 결국 이렇게 된 거야. 뿐만 아니라 나
는 차 마시기 분야에서도 단연 최고였거든."[54]

이 도시에서 나만큼 잠을 푹 잘 자는 이는 아무도 없어.

"차 마시는 것과 경찰 일이 무슨 상관이 있나요?"
앨리스가 물었다.
"아주 큰 상관이 있지."
도마우스가 졸린 듯이 눈을 비비며 대답했다.
"세상의 좋은 것들 모두와 상관이 있단다. 모든 것이 시의 소유

54 이 책의 작가는 도마우스가 『이상한 나라의 앨리스』에서 모자 장수와 삼월 토끼와 함께 '미친 다과회(Mad Tea Party)'에 참가했던 내용을 바탕으로, 이 책에서도 도마우스를 '차 마시기'와 관련짓고 있다.

인 이곳에서, 차 마시기는 경찰에게 가장 힘들고 중요한 임무 중 하나란다. 너도 알다시피 빵가게, 자동차, 오페라 하우스, 연유 공장, 제재소, 식당 할 것 없이 모조리 시의 소유가 되면서부터 이 도시에서는 시기, 질투와 증오, 그리고 원한이 모두 사라졌지. 모든 사람들이 자기 자신, 자기 가족과 친지들보다 이웃을 더 사랑하게 된 거지. 그렇게 되자 시에서는 범죄가 사라졌고, 그러자 경찰이 할 일도 사라져 버렸단다. 결국 시에서는 시를 대표하는 절도범들을 몇몇 지정해서 공식 금고털이로 임명했단다.

그리고 도시의 유일한 도박장은 시장의 직속 권한 하에 관리 되었고, 파로(Faro)[55]와 룰렛 게임은 시의회 의장이 관리했지. 또 벙코[56]는 조세 감정인과 마을 술꾼(Town Toper)의 감독 하에 공식 게임으로 지정되었단다. 마을 술꾼은 인기 투표로 선출했는데, 그 사람은 시민의 동의를 얻어 마음껏 속임수를 쓸 수 있었지. 또 생명 보험사는 시의 톤틴 연금 제도[57]를 시행하는 1905 법령에 따라 공무원과 비슷한 신분이 되었지. 이 법에 따라 시민들은 시로부터 반드시 길이 단위로 생명 보험을 구매해야 한단다."

"길이 단위라니요?"

앨리스가 물었다.

55 파로(Faro)는 17세기 후반 프랑스에서 시작된 카드 게임의 일종으로 규칙이 쉽고 간단하다. 19세기 후반부터 20세기 초까지 미국 전역에서 매우 인기 있는 카드 게임으로 자리 잡았다.

56 벙코(bunco)는 주사위 게임의 일종으로 19세기 영국에서 시작하여 미국으로 전파되어 도박장에서 큰 인기를 얻었다.

57 톤틴 연금(Tontine)은 자금을 모으는 투자 계획의 일종으로 17세기 이탈리아의 은행가 L. 톤티가 고안했고, 18~19세기에 각국으로 널리 퍼져나갔다. 이 연금은 출자자들이 기금을 내어 자금을 조성한 후, 이에 대해 연금을 받는 식으로 이루어진다.
그런데 출자자가 사망시에는 사망자가 받아야 할 연금이 생존자에게 배분되었으므로, 출자자가 사망할 때마다 생존자들의 연금액은 높아지는 형태였다. 생존자가 단 한 명인 경우에는 단독으로 전액을 받게 되고, 출자자 전원이 사망시에 불입된 자금은 정부에 귀속되었다.
톤틴 연금 제도는 영국, 독일 등에서 국채 조달 및 사적 자금 조달 수단으로 이용되기도 했으며, 국고 부담 증가로 1763년에 폐지되었다. 이 제도는 생명보험에 대한 개념을 널리 보급하는 역할을 했으나, 타인의 죽음을 바라는 도덕적 문제를 안고 있다.

"그렇단다."

도마우스가 하품을 하며 대답했다.

"보험 증권은 3인치에서 1야드까지 다양한 길이로 발행되었지. 1인치(약 2.54cm)는 1년에 해당한단다. 그러니까 만일 네가 1마일 (약 1.6km)짜리 생명 보험을 산다고 치면, 그 기간에 대해 보험 혜택을 받게 되는 거지. 뭐, 나로서는 그게 얼마나 긴 시간인지 이해할 수 있을 만큼 오랫동안 깨어나 있을 순 없겠지만……. 아무튼 꽤 긴 시간이겠지."

"사람들이 무조건 보험에 가입해야 한다면, 보험 회사 직원들이 하는 일은 뭐죠?"

앨리스가 물었다.

"그들은 보험금을 안 내는 사람들을 잡으러 다니지."

도마우스가 대답했다.

"이 도시에서 사람들은 원하는 건 모두 가질 수 있다면서요? 그런데 굳이 가족들을 위해 생명 보험을 들 필요가 있나요?"

앨리스가 끼어들었다.

"물론 그럴 필요는 없지."

도마우스는 잠들지 않기 위해 곤봉으로 자기 머리를 계속 두드

려 대며 말을 이었다.

"보험은 가족들에게 이득이 되라고 드는 게 아니라, 시를 위해서 드는 거지. 우리처럼 시가 모든 걸 소유하는 도시에서는 시민들에게 늘 엄청난 혜택이 돌아가니 말이야. 하지만 시유제로 인해 강도짓에서부터 생명 보험과 관련된 범죄가 죄다 사라지다 보니 경찰들은 당최 할 일이 없어져 버렸지. 경찰이 누군가를 체포할 일도, 누군가를 진압하거나 곤봉을 휘둘러 댈 일도 없어진 거란다. 그래서 시는 경찰 조직을 사교 조직으로 바꿔 버렸고, 그 덕분에 경찰 업무에 다과회가 엄청나게 중요해진 거야.

매일 오후 다섯 시가 되면 이 도시의 모든 길모퉁이에서 경찰은 시민들에게 재깍재깍 차를 대접해야 한단다. 차를 대접하는 일은 경찰의 공공 업무가 되었지. 하지만 그 일은 차 마시는 일 따위를 하찮게 여기는 경찰들에게는 다소 힘든 일이란다. 왜냐하면 경찰들은 차를 마시는 사람들을 매우 예의 바르게 대접해야 하거든. 게다가 상냥한 태도로 늘 재잘거리며 일일이 사람들을 챙겨야 하지.

도시의 모든 길모퉁이에서 경찰이 차를 대접한단다.

　거기서 끝이 아니란다. 우리는 정기적으로 파티에 참석해서 파트너가 없어서 춤을 못 추는 여인들과 함께 춤을 춰주고, 또 그들에게 싹싹하고 호의적으로 굴어야 한단다. 우리 시에서는 모든 소녀들이 자유롭게 태어나 평등한 삶을 추구할 수 있도록 법으로 정하고 있단다. 그래서 빨간 머리에 사자코를 하고 주근깨가 잔뜩 난 아가씨가 무도회에서 파트너를 찾지 못하고 뛰다 논 보릿자루마냥 벽에 붙어서 구경만 하고 있다면, 우리 댄스 담당 경찰관들이 투입되어 그 여성과 춤을 춰야 하지. 아니면 구금 중인 젊은이를 데려와서 파트너 없는 여인과 짝지어 줘서 여성들이 파티에서 즐거운 시간을 보낼 수 있게 해준단다. 이처럼 사교 활동까지 시에서 척척 관리해 주는 덕분에 평범한 아가씨들도 인기를 얻을 수 있으니 얼마나 좋은 일이니?"

"참으로 대단해요. 여성들이 정말 좋아할 것 같아요."

앨리스가 조심스레 말했다.

"그래, 그들은 정말 만족스러워 한단다."

도마우스가 말했다.

"거기에 반발하는 젊은이들도 있지만, 그들의 생각 따위에 크게 신경 쓰는 사람은 없단다. 감히 그렇게 할 수 있는 사람들이 별로 없거든."

"그럼 경찰이 하는 일은 그게 다인가요?"

앨리스가 물었다.

"물론 그뿐만은 아니지."

도마우스가 대답했다.

"우리는 경찰서에 브리지 파티에 참여할 인력도 늘 대기해 놓고 있단다. 도박장에서 납세자들이 게임을 하다가 인원이 모자라면 우리 본부에 전화해서 게임에 참가할 경관 한 명을 보내 달라고 하면 만사 오케이지. 뿐만 아니라 우리 경찰관들은 쇼핑을 하고는 싶은데 할인 매장에 길게 늘어선 줄을 뚫기에는 힘이 모자란 연로한 아주머니들을 돕는 일도 한단다. 또 가끔씩 새벽 세 시에 아기가 깨서 터무니없는 걸 요구하며 생떼를 쓸 때도 우리가 나선단다."

"뭐라고요?"

앨리스가 놀라서 외쳤다.

"그래서 아기가 해달라는 건 뭐든지 들어준다는 말인가요?"

신고를 받으면 즉시 출동해서 아기를 안고 달래지.

"그렇진 않지."

도마우스가 대답했다.

"우리는 그저 그걸 해주겠다고 약속만 하지. 그게 바로 시유제의 장점 중 하나란다. 약속하는 건 아주 간단하거든. 우리는 뭐든지 약속해 줄 수 있단다. 그리고 나중에 그 약속을 지킬 수 없을 것 같으면, 더 좋은 걸 약속해 주면 그만이야. 한 마디로 약속이라는 건 언제 어디서든 써먹을 수 있는 만병통치약인 셈이지.

　하지만 우리가 아이에게 터무니없는 약속을 해주자고 그 집으로 출동하는 건 아니란다. 우리는 낮 동안 종일 일하고, 돌아와서 밤에는 아기를 안고 어르느라 잠을 설치는 부모들을 돕기 위해 나서는 거란다. 우리는 신고를 받으면 즉시 출동해서 아기가 조용해질 때까지 아기를 안고 달래지. 지난겨울에는 각각 6개월, 한 살 반, 그리고 세 살짜리 쌍둥이 세 쌍을 키우는 친구 하나가 경찰들을 요청했지. 세 쌍의 쌍둥이, 그러니까 총 여섯 명의 아기들이 일시에 깨어나서 고래고래 울어댔거든. 우리는 경관 일곱 명과 경사 한 명을 보내서 아기들을 돌보게 했지. 덕분에 그 경찰들은 아기들이 울음을 그칠 때까지 새벽 두 시부터 오전 일곱 시 삼십분까지 아기들을 안고 어르며 집 주위를 걸어 다녔단다.”

　그때, 누더기를 걸친 늙은 남자가 목발을 짚은 채 다가와서는 도마우스에게 구걸했다.

　“제발 한 푼만 주십쇼, 경관 나으리.”

　남자는 애처롭게 말했다.

"한 푼만 있으면 이 끔찍한 상황이 좀 나아질 것입니다요."

"물론이오, 심킨스."

도마우스가 친절하게 말했다.

"그런데 이걸 어쩌나……."

도마우스가 주머니를 뒤지며 말했다.

"내가 돈을 집에다 두고 왔군. 아마도 여기 계신 꼬마 아가씨가 자넬 도와줄 거요. 앨리스, 이 친구는 심킨스라고 하는데, 19번 구역에서 가장 잘 나가는 거지란다."

"만나서 반가워요."

앨리스는 심킨스와 악수를 나누며 말했다.

"아가씨, 부디 한 푼만 주실 수 있을까요?"

심킨스가 앨리스에게 애원했다.

"그러면 제 끔찍한 처지에 커다란 도움이 될 겁니다요."

"아, 그럴게요."

앨리스는 불현듯 주머니에 은화 한 닢이 있다는 걸 떠올리며 말했다.

"여기 있어요."

앨리스가 심킨스에게 은화를 건네자, 심킨스는 연신 굽실거리며 감사를 표했다.

"일은 잘 되가나?"

도마우스가 심킨스에게 물었다.

"네, 잘 되갑니다요."

심킨스가 흥겹게 몸을 흔들어 대며 말했다.

"오늘 오전 11시부터 800달러를 모았습죠."

영양처럼 잽싸게 껑충껑충 거리를 뛰어갔다.

이렇게 말한 후에, 심킨스는 목발을 짚지도 않은 채, 영양처럼 잽싸게 껑충껑충 거리를 뛰어갔다. 앨리스는 사라지는 그의 뒷모습을 신기한 눈으로 바라보았다.

"이…… 이 도시에 거지들이 있을 줄은 몰랐어요."

앨리스가 말했다.

"거지는 저 친구 하나밖에 없어."

도마우스가 대답했다.

"저 친구는 이 도시의 공식적인 거지란다. 그는 십분의 일 후취 구조재편 증권(Tenth Deferred Reorganisation Certificates)으로 연간 2만 5천 달러를 받는단다. 그 말인즉, 1달러를 벌면 나중에 10센트를 지불받는 증권이라는 건데, 결과적으로 보면 꽤 괜찮은 급여를 받는 셈이지."

"하지만 그가 왜 구걸을 하는 거죠? 구걸한 돈은 누가 가지나요?"

앨리스가 물었다.

"시에서 갖는 거지."

도마우스가 대답했다.

"시에서 온갖 사업을 벌이느라 채권 주문이 폭주하면 이따금씩 인쇄 공장에서 채권 인쇄가 막혀 버릴 때가 있거든. 그럴 때를 대비해서 시에서는 채권 말고 진짜 돈도 어느 정도 확보해 놓아야 한단다. 이를 위해 시에서 심킨스를 보내서 현금을 모아오게 하는 거지. 아마 심킨스가 오늘 나온 건, 재작년에 시에서 사들인 담배공장에 대한 16번째 담보 연장 채권의 이자를 모으기 위해서일 거야. 이자가 열 달째 연체 중이라 담배 공장의 이전 소유주가 정부에게 어서 빨리 돈을 내놓으라고 닦달하고 있는 상황이라서 말이지."

"어머! 인쇄 공장이 꽉 막혔다고요?"

앨리스가 놀란 목소리로 물었다.

"그래, 그것도 엄청나게 말이지."

도마우스가 말했다.

"뭐 채권 때문만은 아니야. 시에서 크리스마스 간행물을 찍어 내느라 인쇄소의 추가 업무가 엄청나게 많아져서 눈코 뜰 새 없이 바빠진 거야. 이런 식이라면 아마도 7월 4일 독립 기념일이나 되어야 지난 1월 급료로 지불할 자금을 간신히 찍어낼 수 있을까 말까 한 상황이라고. 그렇게 된다면 저 불쌍한 심킨스 녀석이 초과 근무를 하거나, 아니면 거지 대행인들을 대여섯 명 추가로 모아서 기금을 모으게 해야 한단 말씀이지. 아마도 조만간 경찰들이 그 일에 투입될 거야."

앨리스는 잠시 아무 말도 하지 못했다. 도마우스는 말을 이었다.

"시유 경찰 제도에 대해 어떻게 생각하니?"

도마우스가 물었다.

"나쁘진 않군요."

앨리스가 대답했다.

"하지만 저는 어차피 다른 도시들도 경찰을 소유하고 있다고 생각했어요."

"많은 사람들이 그런 착각을 하고 있지만…… 그건 사실이 아니란다."

도마우스가 낄낄대며 말했다.

"하지만 뉴욕 시나 시카고 시에도 경찰이 있잖아요. 우리 아빠가 예전에 그렇게 말씀하신 걸요."

앨리스가 말했다. 도마우스는 다시 한 번 웃음을 터뜨렸다.

"이것 보라고. 네 아빠의 지적 수준에 아스파라거스를 던지고[58] 싶지는 않지만, 네 아빠의 말은 틀렸단다. 경찰이 뉴욕이나 시카고를 소유하고 있을는지는 몰라도, 뉴욕이랑 시카고가 경찰을 소유하는 건 아니란다. 절대 아니고말고."

"그렇다면 경찰을 소유하는 건 누구인가요?"

앨리스가 물었다.

"그건 신만이 아실 일이지."

58 이 표현은 원래 '딴죽을 걸다'라는 의미의 'cast aspersions'를 써야 하지만, 작가는 aspersions 대신 비슷한 단어인 아스파라거스(asparagus)를 써서 언어유희를 하고 있다.

도마우스가 다시 낄낄대며 말했다.

"누군가는 아무개라고 할 테고, 누군가는 높으신 분이라고 말하겠지. 뭐 그럴 수도 있겠지. 아무튼 나로서는 전혀 알 길이 없다는 말씀이야. 아마도 구리 트러스트[59](Copper Trust) 소유일지도 모르지."

이렇게 말한 도마우스는 앨리스에게 은밀하게 눈을 찡긋해 보이더니, 그대로 돌아누워 쿨쿨 잠들어 버렸다.

59 19세기 말에서 20세기 초에는 전기의 필요성이 증가하면서 구리의 수익률이 매우 높아짐에 따라 구리 광산 개발도 급속도로 빨라졌고, 여러 기업들이 합병한 형태인 아나콘다 구리 광산 기업(Anaconda Copper Mining Company) 및 유나이티드 구리 회사(United Copper Company) 등이 구리 사업에 뛰어들었다. 록펠러가 설립한 스탠더드 오일(Standard Oil)사 역시 구리 사업을 실질적으로 지배했다.

이러한 거대 기업들은 막대한 자산으로 자신들의 이익을 위해 시에 영향력을 행사했고, 심지어는 경찰 병력 등의 공권력에도 개입하게 되었다. 저자는 도마우스의 말을 빌려 그러한 기업들의 행태를 꼬집어 비판하고 있다.

제5장

엉망진창 나라의 전화

———

　이제 앨리스를 원하는 곳으로 어디든 데려가서 마음껏 구경시켜 줄 수 있다는 법률고문의 승인을 얻은 모자 장수는 앨리스에게 엉망진창 나라의 시유 전화(Municipaphone)에 대해 설명해 주기로 마음먹었다.

　"시유 전화 시스템은 내가 지금까지 고안해낸 것 중 가장 민주적인 발명품이라 할 수 있지. 끝없는 형제애니, 무한한 인류애니 하는 것들을 말로 떠들어대긴 쉽지. 하지만 그 모든 활동들을 다 합쳐도, 내가 발명해낸 이 시유 전화만큼 인류의 평등을 장려하고 조장하는 시스템은 세상에 없을 거란다!"

모자 장수가 열변을 토하는 동안, 앨리스는 곁에 있던 체셔 고양이의 입 꼬리가 점점 더 길게 늘어나는 듯한 느낌을 받았다. 체셔 고양이는 앨리스에게 눈을 찡긋해 보였지만 앨리스는 자신이 제대로 본 게 맞는지 확신할 수 없었다.

"그렇게 대단하다니 정말 보고 싶어요. 그런데 시유 전화라는 게 대체 뭔가요?"

앨리스가 물었다.

"그건 시가 전화를 소유함으로써 만들어낸 아주 멋진 결과물이지."

모자 장수는 자랑스럽게 대답했다.

"우리는 전등, 전보, 전화기 등 전기로 작동되는 건 모조리 시에서 인수했지……."

"심지어 천둥과 번개조차도 말이지."

하얀 기사가 끼어들며 말했다.

"우리가 시의 관리를 맡은 이후로 모든 게 너무나 잘 굴러가는 바람에, 이 시에서는 더 이상 번개도 치지 않는단다. 정말 대단하지 않니? 시유제로 천둥 번개까지 관리하다니 말이야!"

"저 친구가 한 말은 진짜란다, 얘야."

모자 장수가 말했다.

"조만간 우리는 천둥을 유용하게 써먹을 수 있도록 조종하게 될 날을 기대하고 있단다. 아직 정확히 어떻게 될지는 모르겠지만, 우리는 폭죽이나 주요 행사에서의 예포[60]처럼 침묵을 깨뜨려야 할 상황에 요긴하게 쓸 수 있도록 천둥소리를 건전지에 담아 저장하는 실험을 하고 있단다. 시에서 전기를 장악해서 시의 완벽한 관리 감독 하에 전기를 기름의 대체제로 이용할 수 있다면, 천둥에서 소리를 추출해 내서 즐거운 행사 날 폭죽 대신 쓰지 못할 것도 없겠지. 그렇지 않니?"

"정말 그럴 수도 있겠네요. 왜 이전에는 아무도 그런 생각을 못 했을까요? 폭풍우가 칠 때마다 들려오는 그 무시무시한 천둥소리가 아깝게 낭비되고 있다는 걸 말이에요."

앨리스가 고개를 끄덕이며 말했다.

"얘야, 너도 곧 알게 되겠지만, 시유제라는 제도 하에서 우리처럼 매우 똑똑한 인재들이 진가를 발휘할 때, 무(無)에서 무한한 가치를 얻어 내는 위대한 생각을 해낼 수 있단다. 그리고 우리는 그 아이디어를 뛰어난 선전활동(propaganda)[61]으로 바꾸어 내지."

모자 장수가 거들먹거리며 말했다.

60 예포는 의전행사에서 상대방에게 경의를 표하기 위해 군대나 군함이 일정수의 공포탄을 발사하는 것을 말한다.

61 선전(propaganda)은 어떤 사물의 존재나 효능, 주장 등을 남에게 설명하여 동의를 구하는 일이나 활동을 말한다. 이 말의 기원은 16세기 그레고리우스 13세 시대로 거슬러 올라간다. 당시 로마에서는 신앙의 보급을 위한 교단이 설립되었는데, 이때 '프로파간다'라는 라틴어를 그대로 '선전'이라는 뜻으로 사용하게 되었다. 이처럼 선전은 종교상 포교에서 비롯되었지만, 오늘날에는 종교, 도덕, 정치, 사상, 경제 등 광범위한 분야에 이르고 있다.

"모자 장수는 그 시유제에서 단연 으뜸가는 얼간이(gander)라고 할 수 있지."[62]

삼월 토끼가 작게 속삭였다.

"네게 우리가 이뤄낸 업적의 결과물을 보여줄 참이다."

모자 장수는 삼월 토끼를 싸늘한 눈빛으로 바라보고는 다시 말을 이었다.

"그리고 내가 말했다시피, 시유 전화야말로 내가 일궈낸 업적 중 단연 최고라 할 수 있지. 설명해 줄 테니 이리 와 보렴."

시유 전화야말로 내가 일궈낸 업적 중 단연 최고라 할 수 있지.

62 ‘전문가'를 의미하는 pro를 ‘얼간이'라는 뜻의 gander와 결부시켜 선전활
동(propaganda)이라는 단어를 ‘으뜸가는 얼간이'라는 뜻으로 표현한 일종의
언어유희이다.

모자 장수는 근처에 있는 가로등으로 앨리스를 데리고 가더니, 기둥 중간쯤에 붙어 있는 작은 상자를 가리키며 그것이 '시유 전화'라고 말했다.

"우리는 이 도시에 있는 모든 집의 모든 방과, 모든 가로등, 그리고 모든 소화전 및 전신주에 시유 전화를 설치했단다. 다시 말해, 이 전화를 설치할 수 있을 만한 공간에는 어디든지 설치한 셈이지."

모자 장수가 설명했다.

"이건 그냥 일반 전화와 별다를 바가 없네요."

시유 전화를 본 앨리스가 감상을 이야기했다.

"송화기가 깔때기 모양이 아니라 모자 모양이라는 것만 다르군요."

"그렇단다."

모자 장수가 입을 열었다.

"하지만 우리는 더 이상 그걸 '전화(telephone)'라고 부르지 않는단다. 문득 '전화기'라는 단어는 뭔가 잘못된 단어라는 생각이 들었거든. 우리가 전화기에 대고 이야기한다고 해서 전화기한테 뭔가를 말하는 게 아니잖니? 대신 전화선 반대편에 있는 사람에게

Tip

뱅스가 남긴 명언

불행은 홀로 있고 싶어 하지 않기에 다른 사람에게 자신의 이야기를 들려줌으로써 늘 동반자를 만든다.

말하는 거지. 안 그러니? 그래서 나는 전화를 '시유 전화(Municipa-phone)'[63]라고 이름을 바꿔 버렸지. 그 말인즉 '시에 속한 전화'라는 뜻이지. 송화기를 깔때기 모양 대신 모자 모양으로 바꾼 건, 일종의 교화적 차원에서였지. 왜냐하면 깔때기 모양은 어쩐지 주류를 연상시켜서 술을 마시고 싶지 않던 사람도 그걸 보면 연상 작용으로 술을 마시고 싶은 마음이 들 수 있거든. 그리고 특별히 송화기를 모자 모양으로 바꾼 건, 늘 참신하고 번뜩이는 아이디어를 전달하는 우리 시의 위대한 정치인들에 대해 시민들에게 친근한 인상을 주기 위해서란다."

"모양이 아주 예뻐요."

앨리스가 말했다.

"리본을 몇 개 달면 더 예쁠 것 같아요."

"그럴 지도 모르겠구나."

모자 장수가 말했다.

"아직 여성 모자를 사용하는 것까지 고려해 볼 시간은 없었단다. 하지만 다음 의회에서 거기에 대해 한번 논의를 해봐야겠어. 의견을 내주어서 무척 고맙구나. 하지만 우선은 이게 어떻게 작동하는지 보여 주마. 여기에 있는 작은 책에는 이 마을의 모든 사람들의

63 시유 전화(Municipaphone)는 '시의'라는 뜻의 municipal과 전화(phone)의 합성어이다.

이름과 개인마다 부여된 '시유 전화번호'가 나와 있단다. 신문팔이 소년에서부터 브리지 게임을 즐기는 상류층 사람들까지 신분을 막론하고 모든 사람들의 이름과 각자의 고유번호가 이 책에 나와 있지. 덕분에 모든 사람들이 언제 어느 때건 서로에게 연락할 수 있단다.

비록 태생이 가난하고 신분이 낮은 사람들이라 할지라도 도도하고 자존심 강한 귀족들과 직접적인 관계를 맺을 수 있지. 바로 이 '시유 전화'를 통하기만 한다면 설령 사회 계층이 달라도 누구나 다른 사람들과 친분을 유지할 수 있거든.

덕분에 이제는 세탁소 여인들조차 자신이 직접 만나 본 적도 없는 높은 신분의 신사 숙녀들에 대해 마치 아는 사람인 양 이야기하곤 하지. 비록 그 사람들은 그 여인의 핏줄도 아니요, 결혼으로 이어진 관계도 아니지만, 적어도 '전화선'으로 연결된 관계인 건 틀림없어. 그리고 '전화선'으로 이어진 관계는 어쩌면 핏줄이나 결혼으로 맺어진 관계보다 더 강하단다. 언젠가 우리는 신시네티 소사이어티[64]나 아들들의 혁명[65], 혹은 딸들의 혁명[66] 같은 애국적인 조직 대신, '시유 전화' 체제 하에서 모든 시민들이 참된 형제자매로 거듭남으로써 사회 · 정치적으로 진정한 화합을 이루게 될 날

64 신시네티 소사이어티(Societies of the Cincinnati)는 미국과 프랑스 사이의 애국적·세속적 사회 조직으로 1783년에 창립되었다. 프랑스 혁명에 참가한 프랑스 군인들의 이상을 담고 있으며, 미국과 프랑스의 고위층 장교들 사이의 모임으로 발전했다. 조지 워싱턴이 최초의 회장이었던 이 단체는 후손들이 전통을 이어감에 따라 오늘날까지도 존재하고 있다. 이 단체의 모토는 "Omnia reliquit servare rempublicam"로 '나라를 위해 모든 것을 버린다'라는 의미의 라틴어이다.

65 아들들의 혁명(Sons of the Revolution)은 1876년에 설립된 단체로 미국의 독립전쟁에 참여한 사람들의 후손들로 구성되어 독립전쟁의 정신을 되새기는 애국단체이다.

66 딸들의 혁명(The Daughters of the American Revolution, DAR)은 미국 독립전쟁에서 싸웠던 가문의 여인들이 만든 조직으로 역사 보존과 교육, 애국심 등을 고취한 비영리 단체이다. 1890년에 창립되었으며 이 단체의 모토는 "하느님과 가정, 그리고 나라(God, Home, and Country)"이다.

을 꿈꾸고 있단다."

"정말 멋진 계획이에요!"

앨리스가 동감했다.

"전화선이라는 이 물질적인 끈이 결국 우리 모두를 하나로 묶어 주는 거지. 말하자면 전 인류적인 결합은 끈끈하게 다지고, 피로 연결된 직계 가족에 대한 자긍심은 버리는 셈이지. 그러면 우리는 마침내 계급과 신분의 장벽을 허물고 모두가 일정 수준의 자기만족에 도달할 수 있게 되는 거란다."

모자 장수가 말했다.

"하지만 그러기 위해서는 먼저 시의 모든 가정들이 엄격한 규칙을 따라야 하지. 우리가 정한 규칙 중 하나는, 바로 전화를 받은 사람이 상대의 질문을 받은 즉시 진실한 대답을 해야 한다는 거란다. 물론 아주 예의바른 말과 태도로 말이다. 네가 직접 한번 체험해 보려무나. 블루밍데일 83115번으로 전화를 걸어서 S. 반 리빙스턴 스미드 부인을 바꿔 달라고 하렴. 그 부인은 마을에서 가장 지체 높고 멋진 여성이지. 전화를 걸어서 네 머릿속에 떠오르는 건 뭐든지 물어 보려무나. 그러면 우리 시유 전화 체제가 어떻게 돌아가는지 알게 될 거야. 일단 너를 시의 세탁소 세탁관리장

Tip
뱅스가 남긴 명언

나는 살면서 자신이 경험한 바를 세상에 전하는 일은 인간의 소임이라 생각한다. 그렇기에 우리는 정신적 이해력이 가장 떨어지는 사람들조차도 명확히 알 수 있을 정도로 자신이 보았던 모습 그대로를 기록해야 마땅하다.

인 오플래허티 부인이라고 소개하거라."

앨리스는 시유 전화기 앞에 앉았다.

"안녕하세요(Hello)?"

앨리스가 송화기에 대고 말했다.

"쉿! '안녕하세요?'라고 말하는 게 아니라, '여보세요?'라고 말해야 한단다. '안녕하세요(Hello)'는 불경스러운 단어[67]라서 법에 저촉되거든."

모자 장수가 끼어들었다.

67 hello에 '지옥'이라는 뜻의 hell이 포함되어 있으므로, hello는 불경한 단어라는 의미이다.

"알겠어요."

앨리스가 대답했다.

"여보세요? 교환수님, 블루밍데일 83115번으로 연결해 주세요."

"이름을 대 주세요."

교환수가 말했다.

"브리짓 오플래허티입니다."

앨리스가 대답했다.

"주소가 어떻게 되죠?"

교환수가 물었다.

"시 세탁소의 37번 세탁조입니다."

앨리스가 말했다.

"직업은요?"

교환수가 말을 이었다.

"빨래 짜는 사람이요."

앨리스가 키득거리며 대답했다.

"잘 알겠습니다. 연결해 드리지요."

교환수가 전화를 연결하며 말했다.

"S. 반 리빙스턴 스미드 부인이신가요?"

Tip
뱅스가 남긴 명언

새해 첫날은 뭐든지 계획하고 맹세하기에 참으로 좋은 날이다. 뭐든지 계획
하고 맹세할 수 있고, 맹세하는 건 전혀 고통스러운 게 아니니까. 설사 그 맹
세를 지키지 못하더라도 다음 해에 또다시 맹세하면 그만이니 말이다.

앨리스가 물었다.

"그렇습니다. 무슨 일이시죠?"

전화선 너머에서 매우 상냥한 목소리가 들려왔다.

"저는 브리짓 오플래허티라고 해요. 시의 세탁소에서 일하고 있지요. 저는 부인의 할아버지가…… 원숭이였는지 알고 싶어요."

앨리스가 말했다.

그건 지극히 무례한 질문이었지만, 너무나 흥분해 있던 앨리스는 그보다 더 나은 질문이 떠오르지 않았던 것이다.

"저는 그렇게 생각하지 않습니다, 오플래허티 부인."

상대는 여전히 부드러운 목소리로 대답했다.

"저는 우리 가문의 가계도(family tree)를 모두 살펴보았지만, 어디에도 코코넛이 달려 있지는 않았거든요. 혹시 당신의 잃어버린 할아버지를 찾고 계신 건 아닌가요?"

"아니에요."

앨리스가 웃으며 대답했다.

"저는 도서관에 있는 책을 다 읽어버려서, 부인의 할아버지께서 제가 마음에 들어 할 재미있는 꼬리(tail)[68]를 갖고 있지 않나 해서요."

68 '이야기'라는 뜻의 tale과 '꼬리'라는 뜻의 tail의 발음이 같은 점을 이용한 언어유희이다.

"그것 참 유감이군요."

건너편에서 부드러운 목소리가 다시 들렸다.

"제 할아버지는 40년 전에 돌아가셨어요. 그래서 그분이 당신을 도와드릴 수는 없을 것 같군요. 제 생각에는 원숭이 우리로 가서 거기 있는 당신 오빠들에게 도움을 청하는 게 좋겠네요. 그럼 이만."

"네, 들어가세요."

앨리스는 전화를 끊었다.

"어떠니?"

모자 장수가 씩 웃으며 물었다.

"정말 멋져요!"

앨리스가 말했다.

"만일 뉴욕이나 브루클린, 혹은 빙엄턴에서 이런 일이 있었다면, S. 반 리빙스턴 스미드 부인은 엄청나게 화를 냈을 거예요. 그런 무례한 질문을 한 것도 그렇고, 또 감히 세탁소에서 일하는 여인이 전화를 걸었다는 사실에도 말이죠."

"바로 그렇단다. 이 시유 전화 제도는 사회적 평등주의[69]를 따르도록 법으로 엄격하게 정하고 있거든."

69 평등주의란 모든 인간은 본질적 가치에 있어서 동등하고, 사회에서 권리나 위세를 획득할 균등한 기회를 갖는다는 신념을 말한다. 평등주의 이념을 최초로 전개한 스토아학파(Stoicism)에 따르면, 모든 인간은 덕에 대해 동등한 능력을 갖춘 이성적 존재로서 천성적으로 평등하다고 보았다. 평등주의는 17세기의 로크와 홉스 등에 의해 계승되었고, 루소는 계약에 의해 불평등을 시정하도록 하는 '사회계약설'을 주장했다.

모자 장수가 만족스러운 미소를 띠우며 말했다.

"그런데 교환수가 제 이름이랑 주소는 왜 물어본 거죠?"

앨리스가 물었다.

"교환수는 사람들이 한 말을 하나도 빠뜨리지 않고 기억해서 개인 사이의 소통 검열 부서에 알려야 하거든."

모자 장수가 설명했다.

"너와 스미드 부인이 나눈 대화 대용은 토씨 하나 빠뜨리지 않고 있는 그대로 본부에 기록된단다. 그리고 둘 중 하나라도 '쯧쯧'이나 혹은 '이런 바보 같으니'라는 말보다 더 심한 표현을 쓴다면 해당 표현에 대한 횟수만큼 5달러씩 벌금이 부과된단다. 우리는 내년 안으로 공적 및 사적 연설 관련 시민 통제 부서를 설립할 예정이란다. 그리고 그 부서 업무의 시작으로 시유 전화 내에서 이루어지는 대화를 통제하고 감독하기로 했지."

"하지만……."

앨리스가 깜짝 놀라며 소리쳤다.

"제가 만일 벌금을 내야 할 만한 표현을 썼다면 어쩌죠? 아무 죄도 없는 오플래허티 부인이 그 돈을 내야 하나요?"

Tip
뱅스의 시

철학

태양이 없다 해도 여전히 달은 남아 있지.
달이 없다 해도 별들이 있다면 그걸로 충분하네.
설령 별들이 없다 해도 램프는 여전히 나를 밝히지.
램프가 없다 해도 내겐 믿음직한 양초가 있다네.
설령 양초가 없다 해도 내 소파는 여기 있다네.
그곳에서 잠이 들면 꿈속에서 빛이 다시 나를 찾아온다네.

벌금 5달러를 내세요.

"그렇단다."

모자 장수가 말했다.

"공공의 복지와 관련한 모든 경우에, 아무리 힘들지라도 개인의 이익은 한 수 접어 두어야 하니 말이다. 그게 바로 시유 제도의 기본 원칙이니 어쩔 수 없지. 오플래허티 부인은 신분을 막론하고 모든 사람들에게 공손하게 대해야 한다는 위대한 원칙에 의거하여 벌을 받게 될 거란다. 우리가 불경스러운 언어를 금지하는 법을 엄격하게 시행한 결과, 이 도시에서는 버르장머리 없고 모욕적인 대화가 깨끗하게 사라졌단다. 덕분에 우리 시에서 편찬한 새 사전에는 '젠장', '지긋지긋해', '맙소사' 같은 단어들은 자취를 감추었단다."

"도덕적 효과가 엄청나지."

하얀 기사가 맞장구를 쳤다.

"덕분에 극빈층의 자존감은 높아지고, 부자들의 자존심은 수그러들게 되었단다. 그리고 마침내 불경한 말로 예의를 더럽히는 사악한 의사소통의 뿌리를 뽑았지."

"이 모든 것이 시유 전화로 인한 결과물이라는 말씀이지."

삼월 토끼가 잠시나마 투덜대는 것도 잊은 채 흥분해서 끼어들었다.

"놀랄 만한 장점은 그뿐만이 아니란다."

모자 장수가 말했다.

"이 전화는 도시 어느 곳에나 있기 때문에 언제 어느 때건 사람들을 서로 연결해 줄 수 있단다. 덕분에 사람들은 의도하지 않더라도 다른 이들의 통화 내용을 자연스럽게 들을 수 있게 되지. 그러다 보니 남들에 대한 뒷이야기나 헛소문도 점점 사라지게 되었지. 그리고 사람들은 사적으로 하는 대화에서도 훨씬 더 말을 아끼고 신중해졌단다. 왜냐하면 문자 그대로 벽에도 귀가 있는 셈이니 말이야. 말이 필요 없이 직접 보여 주마. 네가 이상한 나라에서 만났던 공작부인[70]이 기억나지? 내가 지금 당장 공작부인의 집에 전화를 걸어 연결시켜 주마. 그러면 시유 전화가 전반적인 여론을 파악하는 데 얼마나 유용한지 알게 될 거야."

우리 시(市)가 편찬한 새 사전에서 불경한 어휘는 사라졌지.

모자 장수가 교환수에게 명령을 내리자, 앨리스는 즉시 전화기를 들고 자리에 가만히 서서 귀를 쫑긋 세웠다. 곧이어 공작부인의 목소리가 들려왔다.

"그 늙은 멍청이 모자 장수는⋯⋯."

70 공작부인은 『이상한 나라의 앨리스』에 등장하는 괴팍하고 과격한 여인
이다. 늘 말을 함부로 하며, '아이에게는 거칠게 말하고 재채기를 하면 두들
겨 패라'고 노래한다. 『이상한 나라의 앨리스』 원작의 삽화가 존 테니얼은 역
사상 가장 못생긴 공작부인을 모델로 하여 그녀를 그렸다고 한다.

공작부인이 말을 이었다.

"단에서부터 베르세바까지[71] 세상에서 제일 멍청이 같은 작자지."

"들었니?"

모자 장수가 물었다.

"네, 아주 똑똑히 들었어요."

앨리스가 킥킥 웃으며 말했다.

"공작부인이 뭐라고 하더냐?"

모자 장수가 애써 입 꼬리를 끌어올리며 물었다.

"그러니까……."

앨리스는 새빨개진 얼굴로 말했다.

"그러니까 공작부인은 모자 장수 아저씨에 대해서 말했어요."

"그 친애하는 공작부인이 말이지!"

모자 장수는 멍청하게 히죽대며 소리를 내질렀다.

"공작부인이…… 흠…… 나를 마음에 두고 있을까봐 걱정이군."

"맞아요."

앨리스가 말했다.

"공작부인은 아주 따뜻한 목소리로 아저씨에 대해 말했거든요.

71 '단에서부터 베르셰바까지(from Dan to Beersheba)'라는 표현은 구약 성서의 사사기 20장 1절에 나오는 말이다. 단(Dan)은 팔레스타인 북쪽 끝의 도시이며, 베르세바(Beersheba)는 팔레스타인의 남쪽 끝을 이르는데, 다시 말해 '이쪽 끝에서 저쪽 끝까지'라는 의미이다.

그분은 아저씨가…… 단에서부터 베르셰바까지 세상에서 가장 …… 위대하다고 생각하신대요."

"오! 내가 조금만 더 젊었더라면!"

모자 장수가 한품을 푹 쉬며 말했다.

"두 사람은 조만간 결혼할 거야."

하얀 기사가 앨리스에게 부드럽게 속삭였다.

모자 장수는 세상에서 제일 멍청한 작자야!

"맞아."

그 말을 엿들은 삼월 토끼가 질투심에 가득 찬 목소리로 비웃듯 이 말했다.

"그 늙고 악마 같은 유황빛 머리의 공작부인과 정말 천생연분이고말고."

"네…… 어쨌든 시유 전화는 참 대단해요."

앨리스는 황급히 주제를 바꾸었다.

"하지만 진심으로 마음에 든다고는 못하겠어요. 사람들에게서 비밀을 빼앗다니…… 비밀은 소중한 거잖아요."

"어째서 그렇게 생각하는 거니?"

달콤한 꿈에 취해 있던 모자 장수가 정신을 차리고는 앨리스에게 물었다.

"비밀 따위가 필요 없는 삶이 어때서 그래?"

"맞아요. 비밀이 없는 삶이 더 나을 수도 있겠죠. 하지만 모자 장수 아저씨. 그렇다면 이곳에서는 사생활이 전혀 보장되지 않는 건가요?"

앨리스가 물었다.

"시유제에서 개인적 삶이란 없지."

모자 장수가 말했다.

"시를 위한 삶이 완전히 무르익어 최고로 빛을 발하게 되면 필연적으로 개인의 권리는 완전히 시에 종속된단다. 그리 된다면, 나와 내 동료들이 피땀 흘리며 쉼 없이 추구해 온 '위대한 시민적 결과'에 한층 더 가까워지는 거지."

"그럼 결혼도 시에서 관리하게 되는 건가요?"

앨리스가 은근슬쩍 물어보았다.

그러자 모자 장수는 얼굴을 발그레하게 붉히더니 이내 헤실거리기 시작했다.

"그…… 그것도 고려 중이란다."

모자 장수는 부끄러운 듯 킥킥대며 말했다.

"그렇게 된다면 정말 멋진 일이지. 요즘 사람들은 깊이 생각해 보지도 않고 너무 쉽게 결혼을 한단 말씀이야. 어쩌다 사랑에 빠졌다는 이유로 곧장 달려가서 결혼식을 올리곤 하거든. 하지만 결혼을 시에서 관리하게 된다면 남녀가 결혼하는 일이 좀 더 어렵고 복잡하게 바뀔 거란다.

예컨대 나 같으면 결혼하기 위해서는 시의회의 허가가 필요하도록 만들 거야. 결혼 신청서가 법안 형태로 제출되면, 이는 즉각 결혼위원회로 회부되어 시의회로 넘겨지기 전에 면밀한 검토가 이루어지도록 하는 거지. 만일 결혼위원회의 과반수가 그 결혼 신청서의 내용에 동의하면 그 문제는 시의회로 넘겨지겠지. 그러면

Tip
뱅스의 시

난쟁이

예전에 나는 난쟁이를 만났지.
나리꽃 흩날리는 저 아래서.
나는 그에게 왜 그리 작은지,
어찌하여 자라지 않느냐고 물었지.

그는 눈을 가늘게 뜨고
나를 한참이나 바라보았지.
그러고는 그가 말했지.
"나는 내 딴에는 충분히 큰 거라오.
당신이 당신 딴에는 충분히 큰 것처럼 말이오."

시의회에서는 공청회를 열어 결혼 신청자를 불러들이는 거야. 결혼 신청자는 지방 검사의 반대 심문 하에, 자신이 결혼에 적합한 자라는 것을 증명해 보여야 하지. 그 남자가 결혼해서는 안 되는 이유를 단 한 가지라도 제기할 수 있는 사람은 누구든지 앞에 나와서 그 이유를 말할 수 있는 기회가 주어지겠지.

나는 이러한 제도가 성급한 결혼을 막을 수 있다고 확신한단다. '캠덤(Camdem)[72]에서 결혼하고 사우스다코타에서 후회한다'라는 속담이 생긴 것도 다 성급하게 결혼하는 풍조 때문이지."

"그럴 수도 있겠네요."

앨리스가 고개를 끄덕였다.

"그럼 언제 이 계획을 실행하실 건가요?"

"두고 보려무나."

모자 장수가 킥킥대며 말했다.

"내가…… 너도 알다시피…… 그 사람이랑 이 문제에 대해 최종적으로 이야기를 나누기 전에 말이다."

"공작부인 말이지요."

앨리스가 조심스럽게 말했다.

"꼬마 아가씨가 참 조숙하기도 하지!"

72 캠덤(Camdem)은 미국 뉴저지 주의 서부에 있는 도시이다.

모자 장수가 부끄럽다는 듯 앨리스의 어깨를 툭툭 치며 말했다.

"공작부인이 나에 대해 하는 말을 전부 믿지는 말거라. 공작부인은 나한테 너무나도 푹 빠져 있어서 내 결점을 아예 못 보거든. 공작부인과 시유 전화로 통화하게 해서 미안하다. 조만간 직접 만나게 해주마."

Tip
뱅스의 시

웃음

걱정이 길을 따라 성큼성큼 걸어오면
문제와 분란은 몰래 그 뒤를 따른다네.
그리고 기쁨의 적(敵)들인
근심과 슬픔과 온갖 괴로움들도 함께 따라오지.

하지만 오래된 친구 같은 기쁨은
커다란 웃음을 터뜨리며
그들을 패대기쳐 패잔병처럼 멀리 쫓아 버리지.

기쁨의 웃음은 하루하루를 낭비하는
헛된 거품과도 같지만,
모든 걱정들에 대적하여 한 판 승부를 내는
커다란 힘을 갖고 있나니.

제6장

시(詩)를 관장하는 부서

ALICE IN BLUNDERLAND

———

"내 생각에는 말이지⋯⋯."

모자 장수가 입을 열었다.

"다른 곳에 가기 전에, 우선 앨리스 양에게 시(詩) 공장을 보여주는 게 좋을 것 같군. 조금만 있으면 경적이 울리면서 시적 영감 발전기가 가동을 멈출 테니 말이지. 앨리스 양에게 우리의 업적을 보여주기 위해서는 바로 지금 거기 가봐야겠어."

"그러지요."

삼월 토끼가 동의했다.

"시장님께서 최근에 알라바잠[73]과 뮬리가타위니[74]의 각운을 맞

73 알라바잠(Alabazam)은 칵테일의 일종이다.

74 뮬리가타위니(Mulligatawney)는 인도 음식에 뿌리를 둔 수프의 일종이다.

추고, 4행시[75]를 23행으로 늘리라는 제 20,367번 명령을 내린 탓에 그 부서가 좀 정신이 없긴 하답니다. 직원들은 23행짜리 시를 만드느라 아주 골머리를 썩고 있지요. 덕분에 직원의 반 이상이 사고가 마비되어 버린 탓에 조퇴해 버렸다고 합니다."

"그거 잘됐군."

모자 장수는 껄껄 웃으며 말했다.

"머리를 쥐어 짜내다 보면 가끔씩 사고가 마비될 수도 있지. 이리 오렴, 앨리스. 근무 중인 우리 시(市)의 시인들(city poets)을 만나게 해 줄 테니까."

기존보다 시의 양을 대폭 늘렸지.

75 4행시(quatrain)는 4행으로 한 연(聯)을 이루는 시행의 단위를 말한다.

"시의 시인들이라니, 그게 무슨 말인가요?"

앨리스가 물었다.

"우리 시의 시인들은 시를 관장하는 부서에 속해 있단다. 도로 청소부가 거리 청소 부서에 속해 있는 것과 같은 이치지."

모자 장수가 설명했다.

"2년 전에 우리는 이 도시의 모든 시(詩)를 생산해 내는 야심찬 사업을 떠맡아, 시 소속 명예 시인이자 공식 운문 위원장을 임명해서 그 부서를 꾸려나가게 했지. 그는 16,743명의 시인들을 고용해서 이 도시의 모든 시민들에게 제공할 시를 쓰라고 지시했지. 결과적으로 모든 사람들에게 아주 바람직한 결정이었단다. 시의 가격이 이전보다 행당 8센트나 저렴해졌거든. 삼월 토끼가 방금 한 말에서 짐작했겠지만, 우리는 시의 분량을 이전보다 늘렸단다. 과거에는 시적 감흥이 개인의 소유였지만 이제는 더 이상 그렇지 않게 되었거든. 그리하여 4행시를 23행으로, 그리고 고작 14행밖에 안 되는 소네트[76]는 54행으로 대폭 늘리게 되었지. 우리는 또 독자가 의미를 명확히 알 수 있는 시만 쓰도록 하는 법령을 통과시켰는데, 이는 예전에 비하면 장족의 발전이라 할 수 있지. 예전에는 시를 개인적인 것으로 간주했기에, 운만 맞춘다면[77] 세상 누

76   소네트(Sonet)는 13세기경 이탈리아에서 발생한 10음절 14행으로 이루어진 짧은 시이다.

77   시에서는 라임(rhyme)이라고 해서 행마다 각운을 맞추는 것을 원칙으로 한다. 예컨대 door와 more, pay와 day는 각운이 같다.

구도 이해할 수 없는 시를 써도 무방했지. 예컨대 아레투사 스핑크[78]의 '열망'이라는 시처럼 말이야. 이 시를 기억하니?"

"한번도 들어 본 적이 없어요."

앨리스가 대답했다.

"말하자면 이런 식이란다."

이렇게 말하고 모자 장수는 아주 우아한 태도로 시를 낭독하기 시작했다.

열망

아레투사 스핑크

자줏빛으로 출렁이는 바다 아래에,

리본처럼 하늘거리며 하늘을 가로지르네.

넘실대는 초원 위에는 한 떨기 장미가 활짝 피어 있고,

온갖 새들은 쉴 새 없이 지저귄다네.

긴 시간 잠들어 있던 내 영혼은

78 아레투사(Arethusa)는 '물 뿌리는 자'라는 뜻으로서 그리스 신화에 등장하는 님프이며, 스핑크(Spink)는 새의 한 종류이다.

이제 오색 빛 찬란한 잠에서 깨어났도다.

분홍빛으로 물든 크로커스[79] 꽃 아래에서

모든 것을 아낌없이 베푸는 자연의 품속에서.

"오, 어찌 이런 일이!"

주위를 에워싼 시냇물 같은 꿈이로다.

장엄한 자연의 자극을 저버리는 것은

자기 자신을 버리는 것임을!

모자 장수는 시 암송을 멈추었다.

"그래서요?"

앨리스는 어리둥절한 얼굴로 물었다.

"그게 끝이야."

모자 장수가 말했다.

"이 시는 시(市)에서 발행하는 잡지에 출판된 시 중 하나란다. 이 시가 출판된 지 48시간 만에 이 시의 의미를 알아내려다 미쳐 버린 사람들이 속출하는 바람에 정신병원에서 구급차가 737번이나

79 크로커스는 이른 봄에 노랑, 자주, 흰색의 작은 튤립 같은 꽃이 피는 식물
이다.

출동했단다. 상황은 점점 극단으로 치달았지. 그래서 나는 시의회 특별회의를 소집해서 시민들의 정신 건강과 관련하여 그 문제를 처리했단다. 바로 그날 밤, 내가 잠자리에 들기 직전에 의회는 법령을 통과시켰고, 그리하여 나는 시(市)에서 시(詩) 산업을 관장함으로써 무책임한 무면허 무소속 시인들을 퇴출시키는 법안에 서명했단다."

"그 역시 탁월한 결정이었습니다."

삼월 토끼가 말했다.

"그래서 그 부서의 위원으로 시를 제일 잘 쓰는 사람을 선택하셨겠죠?"

앨리스가 물었다.

"아니, 그러지 않았단다."

모자 장수가 말했다.

"나는 시인이랍시고 헛소리나 휘갈겨 대는 사람을 시(詩) 부서 위원으로 임명하고 싶진 않았지. 그리고 시인 치고 사업 감각이 좋은 사람은 단 한번도 본 적이 없거든. 그래서 나는 그 부서를 꾸려나가는 일을 꼼꼼하게 해낼 사람으로, 6구역에서 제일 잘 나가는 방물장수[80]를 부서 위원으로 임명했단다. 그는 내 기대에 어긋

80 방물장수는 바느질 용품, 레이스, 장신구 등 다양한 잡화들을 판매하는
상인을 말한다.

나지 않고 일을 아주 잘 해냈단다.

뛰어난 과자 장수가 우리 시의 가스 공장의 관리를 아주 멋지게 해내고, 거리에서 아이스크림을 파는 장수가 우리 열차 시스템을 잘 유지해낸 것과 마찬가지로, 이 방물장수 역시 시인들을 관리하는 데 천재적인 재능을 보여 주었지. 이 친구는 부조리한 시(詩)는 절대 용납하지 않는단다. 그리고 자신이 이해할 수 없는 시는 즉각 쓰레기통으로 던져 버리지. 그 쓰레기통에 버려진 종이들은 시에서 운영하는 연락선으로 옮겨져서 보트를 운행하는 연료로 쓰이고 있단다. 우리는 하루 평균 19톤 상당의 버려진 시들을 소각하지. 그렇지 않나, 삼월 토끼 의원?"

"때로는 20톤에 육박하기도 하고, 때로는 16톤 정도로 줄어들기도 하지만 평균적으로는 그렇습니다."

삼월 토끼가 대답했다.

"버려진 원고들을 석탄 대신 연료로 사용함으로써 연락선의 운행 손실을 현금으로 연간 약 38달러만큼 줄일 수 있습니다."

"그걸 채권으로 환산하면 어느 정도인가요?"

앨리스가 슬쩍 물었다.

"어디 보자……."

Tip
뱅스의 시

행복에 대하여

따뜻한 눈빛으로 하루를 시작하고,
웃는 입술로 하루를 보내길.
구름이 자욱할지라도 구름 위에는
따스한 태양빛이 노니는 눈부신 하늘이 있나니.

마음 깊은 곳에서 즐거운 생각을 하면
우울함과 언짢음도 어느덧 잊으리니.
쾌활하고 상냥함을 끊임없이 일깨우면
그 마음은 마음속에서 점점 자라리니.

문제가 생긴다 해도 이를 즐겁고 기꺼이 맞이하길.
유쾌한 마음가짐으로 걱정거리를 대한다면
모든 해악을 물리칠 수 있으리니.

모자 장수는 벌겋게 달아오른 얼굴로 대답했다.

"그러니까 1달러당 43과 3분의 1퍼센트 기준으로 38달러니까 10%짜리 3급 채무 증서를 적용하고…… 인쇄비와 광고비, 그리고 견본을 제외하면 채권으로는 약 97,347.83달러에 해당하는군."

"꽤 많은 비용을 절감하는 셈이군요."

앨리스가 말했다.

"그렇지."

모자 장수가 대답했다.

"우리는 아낄 수 있는 건 모조리 아낀단다. '경제는 곧 현금이다'라는 게 우리의 슬로건이지. 우리는 목적에 맞는 채권을 발행하는 일 외에는, 단 1센트도 허투루 쓰지 않는단다."

때마침, 앨리스와 일행은 시(詩) 관리부가 자리한 건물에 이르렀다. 일행이 널찍한 문을 통과해 안으로 들어가자, 그 부서의 위원장인 방물장수가 그들을 맞이했다. 모자 장수는 곧바로 그에게 앨리스를 소개했다. 방물장수를 본 앨리스는 그가 자신이 이상한 나라를 여행할 때 만났던 도마뱀 빌[81]을 꼭 닮았다고 느꼈다. 하지만 도마뱀 빌을 마지막으로 만났을 때, 앨리스는 본의 아니게 그를 발로 차서 굴뚝 밖으로 날려버렸기 때문에 확신할 수는 없었다.

엉망진창 나라의 앨리스

81　도마뱀 빌(Bill the Lizard)은 『이상한 나라의 앨리스』에 등장하는 캐릭터이다. 흰 토끼(The White Rabbit)네 집에 간 앨리스는 정체를 알 수 없는 액체를 마신 후 몸이 커져서 흰 토끼의 집안에 몸이 끼여 꼼짝할 수 없게 된다. 흰 토끼는 문과 창문을 통해 집안으로 들어가려고 하지만 실패하고 만다. 그때 사다리를 갖고 있던 도마뱀 빌이 사다리를 걸치고 굴뚝으로 올라가 집안으로 들어간다. 하지만 앨리스는 굴뚝을 통해 내려오던 도마뱀 빌을 본의 아니게 발로 차서 굴뚝 밖으로 날려 버리고, 도마뱀 빌은 동료들의 도움으로 간신히 살아남는다.

방물장수 위원장이 인사했다.

"잘 지냈소?"

모자 장수가 물었다.

"아주 잘 지내고 있습니다, 시장님."

위원장이 말했다.

"우리는 새로운 풍선껌 채권을 홍보하기 위한 6행짜리 쿠플레[82]를 막 완성한 참이었습니다."

"잘했소. 결과물은 어떻소?"

모자 장수가 물었다.

"깔끔하게 잘 나온 것 같습니다."

위원장은 이렇게 말하고는 시를 낭독했다.

82 쿠플레(couplet)는 2개의 행이 짝을 이루는 시를 말한다.

우리는 이 채권에 대해 지불을 약속하지.

우리가 충분히 벌어들인다면

언젠가는 말이야.

만일 충분히 벌지 못한다 해도

부디 실망하지는 말기를.

또 다른 채권으로 지불할 테니.[83]

"나쁘지 않군."

모자 장수가 말했다.

"약간 거만한 듯한 어조가 인상적이야. 그리고 새로운 리머릭[84]은 어떻게 되어 가고 있나?"

"우리는 XZV 시리즈의 3,907번째 시를 막 완성했습니다. 그 시를 쓴 위긴스를 불러서 직접 낭독시키도록 하겠습니다."

83 이 시는 모자 장수의 정책 방향을 잘 드러내고 있다. 채권이 만기가 되면 현금 대신 또 다른 채권을 인쇄하여 지불함으로써 지불을 무기한 연기하는 셈이다.

84 리머릭(Limerick)은 밝은 느낌의 오행시를 말한다.

위원장이 말했다.

그가 버튼을 누르자, 위긴스가 싱글거리는 얼굴로 사무실로 들어왔다.

"위긴스, 시장님이 자네의 새로운 리머릭을 듣고 싶어 하시네."

위원장이 말했다.

"감사합니다, 시장님. 낭독하게 되어 영광입니다. 제 시는 이렇습니다."

제인이라는 늙은 여인이

쇼하리[85]의 담장 위에 앉아 있었지.

수탉 한 마리와

불한당 같은 패거리가 지나갔지만

제인은 1센트 어치만큼도 두려워하지 않았다네.

85 쇼하리(Schoharie)는 미국 뉴욕 주 쇼하리 카운티에 있는 마을이다.

"훌륭하군."

모자 장수가 말했다.

"그렇지 않니, 앨리스?"

"뭐…… 그럭저럭이요."

앨리스가 석연찮은 듯이 말했다.

"그런데 운이 제대로 안 맞는 걸요?"

낭독하게 되어 영광입니다.

"운은 완벽하게 잘 맞단다."

모자 장수가 대답했다.

"우리는 이 부서를 조직할 때 사업의 원활성과 운을 찾는 데 걸리는 시간 낭비를 피하려고 '쇼하리'와 '센트', 그리고 '지나다'와 '불한당'이 법적으로 서로 음운이 맞는 것으로 정했단다. 이 법이 시행되기 전에는 시인들이 하루에 리머릭을 800편 밖에 쓰지 못했지만, 법이 바뀐 이후부터는 시인이라면 같은 시간 동안 3,000편 정도는 거뜬히 써낼 수 있게 되었지. 어쨌든 매우 좋은 시였네, 위긴스."

모자 장수는 위긴스를 향해 이렇게 말했다.

"나는 위원장에게 자네를 소네트 부서의 감독관으로 승진시키도록 추천할 걸세."

"정말 감사합니다, 시장님."

위긴스는 얼굴을 붉힌 채 머리를 깊이 숙여 절하고는 사무실을 나갔다.

"그럼 이곳으로 오시지요."

위원장은 길고 어두운 방으로 통하는 문을 열며 말했다.

"우리의 사색 부서(Thinking Department)입니다, 앨리스 양."

앨리스는 위원장을 따라 어두컴컴한 방 안으로 들어갔다. 그곳에는 머리카락을 길게 늘어뜨린 오십 명 남짓의 사람들이 안락의자에 앉아 있었다. 이들은 한결같이 집게손가락으로 눈썹 위를 꾹누른 채, 시선을 허공 어딘가에 고정하고 있었다.

우리의 사색 부서입니다.

"이들은 우리 도시의 시(詩)에 쓸 만한 내용을 생각해 내는 사람들입니다."

위원장이 말을 이었다.

"이들 중 누군가가 좋은 시상을 떠올리면 그 내용을 종이에 적어서 옆방으로 보내지요. 옆방에서는 이를 소재별로 분류한 후에 시(詩) 재단사에게 할당하면, 그가 간단히 초고를 쓰게 되지요. 이 작업이 끝나면, 그 초고는 음운을 맞추는 방으로 보내집니다. 그곳에서 시의 운을 맞추는 음운 작업이 이루어지고, 마지막으로 퇴고 방으로 옮겨져 다듬기 작업을 마치면 시의 출판 준비가 완료되죠."

"아주 훌륭한 시스템이지."

모자 장수가 말했다.

"시(詩)의 품질을 높일 수 있을 뿐만 아니라 선거철에도 아주 큰 도움이 된단다. 왜냐하면 우리는 선거용 시들을 꽉 잡고 있거든. 내년 가을에 있을 다음 시장 선거에 내가 출마하면, 상대 진영에서는 선거용으로 쓸 수 있는 시가 단 한 편도 없을 테니까."

"그럼 정말 큰 도움이 되겠군요."

앨리스가 말했다.

"그렇단다. 틀림없이 그럴 테고말고. 이 부서에 있는 직원들은 모두 나를 위해 일할뿐만 아니라, 내게 표를 던질 테니까. 가스 공장 직원들과 열차 사업 직원들도 마찬가지란다. 사실 이 도시에 있는 모든 부서의 사람들 모두 그렇게 할 거야. 그게 바로 시유제의 위대한 가치를 증명하는 또 다른 증거라 할 수 있지! 사업에 있어서 정치적 불확실성만큼 나쁜 게 없거든. 하지만 가스 공장에서부터 시(詩)를 관장하는 부서에 이르기까지 모든 부서들을 마음대로 주무를 수 있는 정치 체제에서는 누가 승리할 것이냐 하는 불확실성이 아예 사라져 버리지. 그러니 선거 결과에 따라 사업이 불안정해지거나 위태해질 일도 없어진다는 말씀이지."

모자 장수가 열변을 토했다.

"정말 대단하네요."

앨리스가 말했다.

"그건 그렇고 위원장, '모자 장수(Hatter)'와 음운을 맞출 만한 단어를 찾으러 당장 음운 부서로 가보는 게 어떻겠소? 늦기 전에 어서 준비를 마쳐야 하니 말이오."

모자 장수가 말했다.

"단어 목록이 조금 전에 막 정리되었습니다."

위원장이 대답했다.

"우리는 '모자 장수(Hatter)'와 운을 맞추기 위한 단어로 '문제(Matter)', '반죽(batter)', '누더기(Tatter)', '겉핥기(Smatter)', '후드득 떨어지다(Patter)', '쥐잡이(Ratter)', '흩어지다(Scatter)'라는 단어들을 이미 찾아 놓았습니다."

"맘에 드는군!"

모자 장수는 만족한 듯 껄껄 웃었다.

"'재잘거리다(Chatter)'라는 단어도 있어요."

앨리스가 끼어들었다.

"감사합니다. 그 단어도 기록해 두지요."

위원장이 말했다.

"그리고 '날꾼(Snatter)'도 말이죠."

자신을 위한 음운은 찾아 주는 사람이 없어서 울적해진 삼월 토끼가 그르렁대며 말했다.

"'날꾼(snatter)'이 무슨 뜻이지?"

모자 장수가 얼굴을 찡그리며 물었다.

"'날치기꾼(snatcher)'이라는 단어의 타락한 형태지요."

삼월 토끼가 당돌하게 말했다.

"자신에게 타고난 권리건 아니건 간에, 가질 수 있는 거라면 뭐든지 가로채 버리는 사람을 말하지요. 시민의 덕목을 환기시키기 위해 그 단어도 시에 포함시켰으면 합니다."

"위원회의 동의와 무관하게 나는 '날꾼(Snatter)'이라는 단어에 거부권을 행사하네. 그에 따라 그 단어는 시(市)의 단어 목록에서 제외시키겠네. 자네도 그 단어가 '타락'했다고 자백했으니 충분히 비난받아 마땅한 단어가 아닌가?"

모자 장수가 쌀쌀맞게 말했다.

"저는 또한 '반죽(batter)'이라는 단어도 쓰지 않겠습니다, 시장님. 반죽은 굽지 않은 가루 덩어리란 뜻인데 시에서 그 단어를 언급할 가치는 없으니까요."

위원장이 말했다.

"'반죽(batter)'이라는 단어는 '세게 치다', '패배시키다', '파멸시키다'라는 뜻도 있지. 그러니 자네의 건의는 받아들이지 않겠네. 아, 마침내 선거 활동 조직원들이 행진할 때 부를 노래가 떠올랐어. 마치 귓가에 생생하게 들려오는 듯하군."

모자 장수는 이렇게 말하고는 시를 읊기 시작했다.

오, 고귀한 모자 장수여,

참으로 위대한 자여!

그의 적들은 도처에서

산산이 흩어지리.

그의 적들은 시의 중대사를

허무하게 비관적으로 재잘대다

결국 패배할지니!

참패를 거둘지니!

"맙소사!"

삼월 토끼가 신음을 내뱉었다.

"그게 정말 시라고 할 수 있나요?"

"나는 그걸 '진실'이라고 말하고 싶네."

모자 장수가 대답했다.

"그리고 예술이 진실인 것처럼 시 역시도 진실이지. 그걸 못 믿겠다면, 내년 가을 선거에 반대 진영에서 나와 대결해야 할 걸세. 그러면 자넬 아주 납작하게 눌러줄 테니까."

"물론 그러시겠죠."

삼월 토끼가 한숨을 푹 쉬며 말했다.

"제가 휴가를 떠난 사이에 시장님께서 멋대로 그런 법령을 제정하셨으니까요."

"그게 무슨 법령이었지?"

모자 장수가 물었다.

"선거 관리 위원회가 투표자들에게 막강한 지배를 행사하는 법령 말입니다. 그런 후에 시장님은 본인 스스로를 선거 위원장으로 임명하셨지요. 하지만 저는 시에서 투표를 장악하는 것은 합헌이 아니라고 생각합니다."

삼월 토끼가 말했다.

"아마 곧 합헌이 될 걸세."

모자 장수가 무미건조하게 말했다.

"언제 말인가요?"

삼월 토끼가 물었다.

"시에서 헌법을 확실히 장악하면 말이지."

모자 장수가 입을 열었다.

"그러니까 헌법을 내 손으로 다시 써서 그걸 합법화시키면 해결
될 일이지."

　모자 장수는 이렇게 말하고는 위풍당당하게 거리를 향해 걸어
갔다. 앨리스와 삼월 토끼, 그리고 하얀 기사는 아무 말도 못한 채
조용히 모자 장수의 뒤를 따를 수밖에 없었다.

Tip
뱅스의 시

장미에게

네 삶은 참으로 짧구나.
꽃봉오리에서 꽃을 피우고 있는 시간은
고작 일이 주 남짓에 불과하고
그 이후에는 이내 시들어 버리는구나.

허나 비록 네 삶은 짧지만 그 보상은 크구나!
장미로 살다 죽는 것이야말로
진정한 행복이 아니더냐?

제7장

아이들의 소유자

ALICE IN BLUNDERLAND

———

"지금 몇 시인가?"

모자 장수가 별안간 하얀 기사를 돌아보며 물었다.

"여섯 시 정각입니다."

하얀 기사가 시계를 바라보며 대답했다.

"어머나!"

앨리스가 깜짝 놀라며 소리쳤다.

"벌써 시간이 이렇게 되었군요! 저녁 식사 시간이라 빨리 집에 가야 해요."

그러자 모자 장수가 껄껄 웃으며 말했다.

Tip

뱅스의 친구들

매우 사교적이었고 밝은 성격이었던 뱅스는 주변에 늘 친구들이 많았다. 그는 또한 아서 코난 도일과『정글 북』의 저자인 리디어드 키플링, 마크 트웨인 등과도 친분을 맺었다.

"그런 거라면 서두를 필요 없단다. 모든 것을 시에서 소유하는 시유제 체제 하에서는 시장인 내가 저녁 식사 시간을 일곱 시나 여덟 시로 연기하도록 하는 일반 명령을 내릴 수 있거든. 정 그래도 네가 집에 가고 싶다면······."

"집에 가고 싶지는 않지만, 가봐야 할 것 같아요."

앨리스가 예의 바르게 말했다.

"내가 방에 없는 걸 알면 틀림없이 엄마가 걱정하실 거예요. 게다가 집을 나올 때 어디에 가는지 말도 하지 않고 나왔단 말이에요."

모자 장수는 다시 한번 웃음을 터뜨렸다.

"참으로 답답한 일이야! 아이들을 돌보는 일을 개인이 맡게 되면 그런 문제가 생기기 마련이지. 브리지 파티가 있을 때마다 아이들을 파티에 얼씬 못하게 하느라 어머니들이 골머리를 썩어야 하니 참으로 안 된 일이지. 게다가 미국에서 위배 행위(contravention)로 보장하고 있는 개인의 자유도 침해를 받게 되고 말이야."[86]

"'위배 행위(contravention)'가 아니라 '헌법(constitution)' 아닌가요?"

앨리스가 물었다.

86 일반적으로는 '헌법(constitution)으로 보장하고 있는 개인의 자유가 침해를 받는다'라는 문장이 자연스럽지만, 모자장수는 의도적으로 '헌법(constitution)' 대신 소리가 비슷한 '위배 행위(contravention)'라는 말로 바꾸어 썼다. 이 말에서 모자 장수는 헌법은 언제든지 위배될 수 있으며, 위배되어도 상관없는 것으로 인식하고 있다는 것을 알 수 있다.

"예전에는 그랬지."

모자 장수가 대답했다.

"하지만 이제는 '위배 행위'라는 말로 바뀌었단다. 과거 몇 년 동안 헌법이 위배되는 일이 너무나 많아서 그에 따라 워싱턴에 있는 우리 언어 개혁 위원회에서는 아예 '헌법'이란 말 대신 '위배 행위'라는 말을 쓰기로 했거든."

"시장님의 의견을 바탕으로 시(市)가 아이들을 소유하는 법령이 지난 11월에 시의회에서 통과되었지요. 시장님을 위해 제가 그 문서를 썼고, 결과적으로는 매우 뛰어난 문서였지요."

하얀 기사가 말했다.

"아이들을 시에서 소유한다고요?"

앨리스는 놀라서 하얗게 질린 얼굴로 물었다.

"그렇단다. 국가가 온정주의[87] 정책을 펴는 것과 비슷한 맥락에서, 우리 시에서는 모성주의를 지향한단다. 그러니까 이곳의 아이들은 시의 소유인 셈이지."

모자 장수가 말했다.

"하지만……."

앨리스가 입을 열었다.

87　온정주의(paternalism)는 정부나 조직이 그 종사자에 대하여 가부장적 가족 관계의 모델에 따라 보호하고 규제하는 체계를 말한다. 이때 그 관계는 아버지가 자녀를 대하는 방식, 즉 명령적이고 인자한 관계와 유사하다. 이러한 관계에서는 권력자가 피지배자의 이익을 보호한다는 핑계로 사회적·경제적·정치적 불평등을 합법화하게 된다.

"걱정할 건 하나도 없단다."

모자 장수가 상냥하게 말했다.

"그 정책은 아무 문제없이 잘 시행되고 있으니 말이다. 시에서 거리 청소부서나 시민 공원을 관리하듯, 아이들 역시 신중하고 효과적인 동시에 과학적 수준으로 통제해서 잘 진압시키고 있거든. 이 정책은 어머니들을 아이들로부터 해방시킬 뿐만 아니라, 물질적으로는 아버지들이 아이들을 부양하는 데 드는 금전적·재정적 의무를 덜어 준단다."

모자 장수의 말에 앨리스의 입술이 바들바들 떨리기 시작했다. 앨리스는 모자 장수가 점점 두려워졌다.

"집에 가고 싶어요."

앨리스는 작은 목소리로 애원했다.

"네가 원한다면, 물론 보내 주마."

모자 장수가 말했다.

"우리가 지금 당장 집으로 데려다 줄 테니 따라 오너라."

모자 장수의 친절한 태도에 다소 안심한 앨리스는 그가 내민 손을 잡고 쭉 뻗은 길을 따라 걸어가기 시작했다. 얼마 후, 그들은 공

Tip
뱅스의 말년

뱅스는 말년에 신문에 글을 기고하며 다수의 시를 연재했다. 1921년 12월, 뱅스는 뉴저지의 아틀란틱 시티에서 휴가를 보내던 중 병세가 심각해져 이듬해인 1922년 1월에 위암 수술을 받던 중 59세의 일기로 사망한다.

원이 딸린 아름다운 주거용 건물 앞에 도착했다. 모자 장수가 거대한 입구의 측면에 있는 초인종을 누르자, 곧 문이 열리고 누군가가 모습을 드러냈다. 문을 열고 나타난 사람은 다름 아닌 공작부인이었다. 공작부인을 본 앨리스는 무척 반가웠다.

"어머, 잘 있었니?"

공작부인이 친절한 목소리로 말했다.

"다시 만나서 반갑구나, 앨리스."

"감사합니다. 이곳은 아주 아름답네요. 이 건물에 사시나요?"

앨리스가 물었다.

"그렇단다."

공작부인이 대답했다.

"나는 얼마 전에 모성(maternity)부의 위원장[88]으로 임명되었단다. 즉, '시의 공식적인 어머니(the official mother of the town)'인 셈이지. 왜냐면 위대한 정치가인 모자 장수가⋯⋯."

이 대목에서 공작부인은 삼월 토끼에게 은근슬쩍 윙크를 했다.

"아이들을 시에서 관리하도록 하는 아주 엄청난 과업을 생각해내고는, 나를 이 부서의 최고 책임자로 임명했거든. 그래서 여기

엉망진창 나라의 앨리스

88 공작부인을 모성부 위원장으로 임명한 것은, 원작인『이상한 나라의 앨리스』와 관련이 있다.『이상한 나라의 앨리스』에서 공작부인은 아기를 돌보는 역할을 맡는데, 아기를 '돼지'라고 부르며 심하게 흔들어 대고 과격한 자장가를 부른다. 이 책에 나오는 공작부인 역시 괴팍한 방식으로 아이들을 훈육한다.

있게 된 거란다.”

“말하자면 모든 아이들의 위대한 어머니인 거지!”

모자 장수가 열정적인 목소리로 외쳤다.

“어머, 아첨 떨지 마세요.”

공작부인이 수줍은 듯 말했다.

“아첨이 아니오. 한 사람의 남자로서가 아니라 이 도시의 시장으로서 하는 말이오. 즉, 충직하고 본받을 만한 시의 심부름꾼을 공식적으로 칭찬하는 뜻이었소.”

“아니, 심부름꾼이라니 그게 무슨 말이지요, 시장님?”

공작부인이 오만한 말투로 되물었다.

“이곳 미국에서는 ‘심부름꾼’이라는 말이 ‘고용주’라는 말 못지 않게 좋은 뜻이라오, 공작부인.”

모자 장수가 공작부인을 향해 머리를 깊이 숙이며 말했다.

“정말이지 모자 장수는 진정한 알코올 의존자(dipsomaniac)라니까.”

삼월 토끼가 속삭였다.

“진정한 외교관(diplomat)이겠지요.”

하얀 기사가 정정했다.[89]

89 알코올 의존자(dipsomaniac)와 외교관(diplomat)은 발음이 비슷하다는 점에서 착안한 언어유희이다.

"'알코올 의존자'와 '외교관'은 뜻이 달라도 한참 다르니까요. 외교관은 사절단 업무를 할 만큼 훌륭한 사람을 말하지요."

"알겠소. 모자 장수는 진정한 외교관처럼 요령이 좋다고 정정하겠소."

삼월 토끼가 말했다.

"오늘은 어땠소, 공작부인? 아이들 상태는 어떻고요?"

모자 장수가 물었다.

"차차 좋아질 거예요."

공작부인이 대답했다.

"이번 '가정생활 관리' 체제 하에서 실시한 방식 때문에 지금까지 구토한 아이들이 많아서, 새로운 방법을 도입하는 데 마찰을 빚을 것 같긴 하지만요."

"그것 참 유감이로군."

모자 장수가 말했다.

"아이들에게 의무적으로 탄산음료를 마시게 하는 규정은 잘 지켜지고 있소?"

"아주 잘되고 있어요."

공작부인이 대답했다.

"지난 1월부터 아이들에게 매일 의무적으로 바닐라 크림 탄산음료를 하루에 다섯 잔씩 마시도록 했고, 현재까지 60%의 아이들이 바닐라 크림 탄산음료라면 치를 떨게 되었지요. 올해 말까지는 모든 아이들이 탄산음료에 완전히 질려서 그걸 모조리 끊게 될 것으로 예상하고 있답니다.

같은 방식으로 소고기 대신 캐러멜과 사탕을 제공하고 있지요. 즉, 아이들에게 아침 식사로 캐러멜을 지급하고, 저녁 식사로는 젤리 과자를, 그리고 차 대신 마시멜로를 규칙적으로 주고 있답니다. 그랬더니 지난밤에는 열일곱 명의 아이들이 제발 소고기 스테이크와 양고기, 그리고 쌀밥을 달라는 탄원서를 제출했지요.

사탕 가게에서 소고기를 팔도록 하고, 교사들이 쌀밥과 옥수수죽이 치아에 나쁜 음식이라고 아이들에게 가르치도록 하는 것을 의무화하는 새로운 법이 실시되면, 아이들은 오늘처럼 아픈 배를 움켜쥐고서 제발 영양가 있는 음식을 달라고 애걸복걸하게 될 것이 틀림없습니다."

잠자리에서 몰래 수학책을 읽는답니다.

"참으로 탁월한 방식이로군요. 그러면 마티네[90] 문제는 어떻게 되었습니까?"

삼월 토끼가 물었다.

"마찬가지 방식으로 진행되고 있지요."

공작부인이 대답했다.

"아이들이 반휴일인 수요일과 토요일을 너무나 손꼽아 기다리기에, 우리는 매주 수요일과 토요일 오후에 아이들에게 마티네를 관람하게 했지요. 맑은 날이건 궂은 날이건, 아이들이 원하건 원치 않든 말이지요. 그랬더니 수요일과 토요일을 손꼽아 기다리던 요 귀여운 아이들이 어찌나 슬퍼하던지⋯⋯. 덕분에 아이들은 더 이상 그날을 기다리지 않게 되었지요. 그리고 저는 아이들에게 지리

90 마티네(matinee)는 주간에 상연하는 연극이나 오페라 등을 말한다. 프랑스어 마탱(matin:아침)에서 나온 말로 오전 공연을 나타내는 뜻이었지만, 현재는 낮 동안의 상연을 말한다. 마티네는 일주일에 1~2회, 대개는 주말에 행해진다.

학이나 철자법 교재를 보는 것을 엄격하게 금지했어요. 그랬더니 아이들이 도서관에 몰래 들어가서 지리학 책과 철자법 책을 열심히 탐독하는 게 아니겠어요? 우리가 바로 그 점을 노린 거라는 것도 모르고 말이죠. 심지어 제가 권장한 잭 하커웨이[91] 시리즈나 무삭제판 '버펄로의 카우보이 빔' 이야기를 거부하고, 잠자리에서 몰래 수학책을 읽는 아이를 적발해 내기도 했답니다."

"그거 정말 마음에 드는군!"

모자 장수가 껄껄대며 웃었다.

"그런데 공작부인, 앨리스 양을 부인께 맡겨도 되겠소? 앨리스 양이 집으로 가고 싶다기에 이곳으로 데려왔는데 말이오."

"물론이지요. 제가 잘 돌봐 드릴게요."

공작부인이 말했다.

"미안한데 앨리스."

모자 장수는 앨리스를 향해 정중하게 입을 열었다.

"더 오랫동안 너에게 이 도시를 안내해 주고 싶다만 문제가 생겨서 우리는 이만 가봐야겠구나. 오늘 밤 의회에서 회의가 열리기 전에 간부 회의에서 마무리 지어야 할 일이 있어서 말이다. 우리 조직원 중 일부가 자기네 투표권을 장당 500달러에 팔겠다고 주

91　잭 하커웨이(Jack Harkaway) 시리즈는 19세기 후반 영국의 싸구려 통속소
설 잡지 중 하나인 〈영국 소년(Boys of England)〉지에 연재된 인기 소설이다.
잭 하커웨이는 고아로 보육원에서 자라지만 곧 지겨운 학교를 뛰쳐나가, 바
다로 모험을 떠난다. 바다로 나간 그는 동료들과 함께 모험하며 적들과 악당
들을 물리친다. 그는 훌륭한 싸움꾼이자 선원이며 도덕성과 예의를 갖춘 인
물로 그려진다.

장하고 있거든."

"어머나! 정말 말도 안 되는 주장이군요."

앨리스가 깜짝 놀라며 말했다.

"말도 안 되고말고."

삼월 토끼가 혀를 쯧쯧 차며 말했다.

"정말 지독하고 터무니없는 일이지. 나는 지금까지 내 투표권에 대한 권리로 1,250달러를 고수해 왔는데 말이지. 저 멍청이들이 그렇게 싼 가격에 투표권을 팔겠다니 정말 사업수완이 형편없다니까."

"이건 아주 중요한 문제라고."

모자 장수가 입을 열었다.

"우리가 그 사람들을 등용하기 위해 얼마나 공을 들였는데, 자신들의 몸값을 그렇게 낮춰 부르다니 말도 안 되는 소리지. 나는 그들이 한 의제당 투표권의 가치를 적어도 2,500달러 이상은 받아야 한다고 생각하네."

"지당하신 말씀입니다, 시장님."

하얀 기사가 말했다.

"하지만 자본가들이 겁을 먹을 텐데요."

"그 점에서는 자네의 생각에 동의할 수 없네."

모자 장수가 말했다.

"우리 계획을 성공시키는 데 자본가들의 눈치를 볼 필요는 전혀 없어. 우리에겐 채권이 있지 않나! 나한테 채권을 찍어낼 인쇄소가 있고, 만년필로 거기에 서명만 하면 만사형통인데 자본가 계층에게 비굴하게 아첨을 떨어댈 필요가 무엇이 있단 말이오? 그럼 잘 자거라, 앨리스. 만나서 정말 반가웠고, 공작부인과 여기서 즐겁고 편하게 지냈으면 좋겠구나."

모자 장수는 이렇게 말하고는 주머니에서 금빛과 초록빛으로 인쇄된 아름다운 종이 한 장을 꺼냈다.

"이건 너에게 주는 기념품이란다. 이 저당권은 3457년에 10만 달러를 받을 수 있는 메인 스트릿 페리 사의 18%짜리 후지급 채권이지."

"10만 달러요? 저한테요?"

앨리스가 눈이 휘둥그레지며 물었다.

"아니."

모자 장수가 정정했다.

"그건 10만 달러가 아니라, 10만 달러짜리 채권이지. 그 돈은

3457년이 되어야 받을 수 있단다. 그것도 본인이 직접 시의 회계 담당자에게 갔을 때만 말이지."

문제가 생기면 이걸 사용하거라.

앨리스에게 후한 선물을 베푼 모자 장수는 앨리스와 공작부인에게 공손히 인사를 한 후에 삼월 토끼를 거느리고 총총거리며 사라졌다.

"잘 있어라, 앨리스."

하얀 기사가 안쓰러운 목소리로 말하며, 앨리스의 손에 종이 한 장을 쥐어 주었다. 그러고는 몸을 기울이며 앨리스의 자그마한 귀

Tip
뱅스의 시

장님

그대가 믿는 신을 보여 주시오.
의심하는 자가 내게 외쳤지.
나는 그에게 눈부시게 빛나는 하늘을 가리켰지.
나는 그에게 울창한 숲을 보여 주었지.
나는 그에게 평화롭고 목가적인 풍경을 보여주었지.
나는 그에게 혹한의 겨울 속의 눈과 서리를 보여주었지.
나는 그에게 폭풍우가 휘몰아치는 바다를 보여주었지.
나는 그에게 깎아지른 장엄한 언덕을 보여주었지.
나는 그에게 개똥지빠귀의 노랫소리를 들려주었지.
나는 그에게 주위에 피어난 나리와 제비꽃 장미들을 보여주었지.
나는 그에게 졸졸 흐르는 시냇물과 강을 보여주었지.
나는 그에게 젊은이의 희망과 꿈을 보여주었지.
나는 그에게 별과 달, 그리고 태양을 보여주었지.
나는 그에게 친절한 행위를 보여 주었지.
나는 그에게 기쁨과 근심을 보여주었지.
하지만 여전히 그는 의심하는 기색으로 떠났다네.
그의 영혼은 눈멀어서 아무것도 볼 수 없었기에.

에 대고 속삭였다.

"문제가 생기면 이걸 사용하거라."

"고맙습니다. 그런데 이게 뭔가요?"

앨리스가 물었다.

"대법관이 발행한 임시 명령서란다. 다른 사람들이 네 행동을 간섭하지 못하도록 막아 주는 명령서지."[92]

하얀 기사가 설명했다.

"필시 요긴하게 쓰일 데가 있을 거야."

그러고 나서 하얀 기사는 모자 장수와 삼월 토끼가 걸어간 쪽으로 부리나케 달려가더니, 이내 모퉁이를 돌아 사라져 버렸다.

"자, 꼬마 아가씨. 이제 집으로 데려다 주마."

공작부인이 말했다.

앨리스가 공작부인의 손에 이끌려 잠시 후에 도착한 곳은 시의 보육원이었다. 두 사람은 승강기에 올랐다. 승강기는 도무지 끝이 없을 것처럼 한참이나 위로 올라갔고, 마침내 117층에서 멈추었다. 앨리스와 공작부인은 승강기에서 내려, 우스꽝스럽게 생긴 자그마한 방으로 들어갔다. 문 앞에는 앨리스의 이름이 적혀 있었다.

92 『거울 나라의 앨리스』에 등장하는 하얀 기사는 엉뚱하지만 마음이 따뜻하고 늘 앨리스를 도와주는 작가의 분신과도 같은 존재이다. 원작의 그런 점을 살려, 이 책에 등장하는 하얀 기사 역시 마찬가지로 앨리스가 공작부인으로부터 도망칠 수 있는 명령서를 줌으로써 앨리스를 도와준다.

"바로 여기란다."

공작부인이 말했다.

"저기가 네 침실이고 여기가 거실이지. 욕실은 저기란다. 이 아파트에는 차갑고 따뜻한 탄산수가 공급된단다. 그리고 냉장고에는 땅콩사탕과 말랑말랑한 당밀사탕이 들어 있고, 식기실에는 설탕에 절인 과일이 있지. 서재에는 『레이스 가게의 루시』, 『숙녀가 된 세탁소 여인』, 그리고 마리 코렐리(Marie Corelli)의 소설들과, 『공장의 패니』, 『대장장이의 딸』이 있고, 그 외 불건전하고 시시껄렁한 책들은 '교정(correction)의 집 도서관'에서 읽을 수 있단다. 놀이 시간은 매일 아침 7시부터 시작되고, 그때부터 오후 1시까지 의무적으로 인형 옷 갈아입히기 놀이를 해야 한단다. 오후 1시에 식사로 캐러멜이 지급되고, 그 이후 6시까지 줄넘기를 하고 동화책을 읽어야 하지. 그리고 매일 탄산음료를 의무적으로 마셔야 하고, 절대로 밤 11시 전에는 자면 안 된단다. 자, 이제 서두르려무나. 저녁 식사 전에 머리를 헝클어뜨리고 손을 지저분하게 하렴. 6시 30분 정각에 저녁 식사로 거품을 낸 크림과 군밤이 나올 테니까."

"하지만……."

엉망진창 나라의 앨리스

앨리스가 소리쳤다.

"난 여기에 있기 싫어요, 집에 가고 싶어요!"

"여기가 네 집이란다."

공작부인이 잘라 말했다.

"이곳은 엉망진창 나라의 아이들이 사는 집이지."

"하지만 난 우리 엄마랑 아빠가 필요해요."

앨리스가 울먹이며 말했다.

"이 도시가 네 아빠이고, 네 공식적인 엄마는 바로 나란다. 알아듣겠니, 애야?"

공작부인이 말했다.

"당신은 우리 엄마가 아니에요!"

앨리스는 소리를 빽 질렀다.

"당신은 지금 날 납치하려고 하고 있어요! 경…… 경찰을 부르겠어요!"

"경찰이 감히 도시를 체포할 수는 없단다, 애야. 그리고 나를 체포할 수도 없지. 나는 모성부 위원장이라서 불체포 특권을 갖고 있거든."

공작부인이 큰 소리로 웃으며 말했다.

"어쨌든 난 여기 있고 싶지 않아요. 집으로 갈 거라고요!"

앨리스는 바닥을 발로 쿵쿵 내리치며 성난 목소리로 말했다.

"이 도시를 아빠로 삼고 싶지 않아요! 그리고 진짜 엄마 대신 공식적인 엄마도 필요 없단 말이에요!"

앨리스는 문을 향해 잽싸게 달려갔지만, 공작부인은 금세 뒤따라와 앨리스의 팔을 홱 낚아챘다.

"놔 줘요!"

앨리스가 새된 비명을 질렀다.

"절대로 못 놔 줘!"

공작부인이 단호하게 말했다.

바로 그 순간, 하얀 기사가 건네 준 종이가 앨리스의 머릿속에 떠올랐다.

"이걸 보시면 마음이 바뀌실 걸요."

앨리스는 당돌하게 말하며 하얀 기사가 준 명령서를 공작부인에게 건넸다.

명령서를 찬찬히 읽어 내려가던 공작부인은 이내 얼굴이 백짓장처럼 질렸다. 공작부인은 신경질적으로 발을 쾅쾅 굴려댔다.

공작부인은 앨리스의 팔을 낚아챘다.

"어디 두고 보자고!"

공작부인은 성난 목소리로 으르렁대더니 건물 전체가 흔들릴 정도로 요란하게 문을 쾅 닫고 사라져 버렸다. 공작부인이 사라진 뒤, 앨리스는 자유를 찾아 젖 먹던 힘을 다해 계단을 뛰어 내려갔다. 그러다 갑자기 앨리스는 발을 헛디뎌 계단 아래로, 아래로 끝없이 굴러 떨어졌다. 그리고 다음 순간 쿵! 하는 소리와 함께 앨리스는 어딘가에 부딪쳤다. 앨리스가 정신을 차렸을 때, 이상하게도 앨리스는 자기 집의 놀이방 바닥에 앉아 있었다. 그리고 앨리스의 엄마가 허리를 굽힌 채 자신을 내려다보고 있었다.

"어머, 애야. 어디 다치진 않았니?"

엄마가 물었다.

"안 다쳤어요. 어째서…… 내가…… 정말 떨어진 건가요?"

앨리스가 말했다.

"틀림없이 소파에서 떨어졌겠지."

엄마가 웃으며 말했다.

"아니면 이번에도 어디 다녀오기라도 한 거니? 그 이상한 나라
에 또 갔던 거니?"

"아니요……. 이번에는 엉망진창 나라였어요."

앨리스는 그제야 안도의 숨을 내쉬며 대답했다.

내가 정말 떨어진 건가요?

얼마 후, 앨리스는 자신이 꿈속에서 엉망진창 나라를 여행하며 겪었던 모험 이야기를 아빠에게 들려주었다. 그 이야기를 들은 앨리스의 아빠는 '엉망진창 나라'야말로 시유제를 시행하는 나라에 아주 잘 어울리는, 참으로 적절한 이름이라고 생각했다.〈끝〉

옮 긴 이 의 말

유쾌한 정치 · 사회적 풍자로 가득한
모자 장수의 디스토피아 속으로

루이스 캐럴(Lewis Carroll)의 『이상한 나라의 앨리스』는 전세계에서 단연 가장 유명한 소설 중 하나이자, 남녀노소를 불문하고 오랜 기간 많은 이들의 사랑을 듬뿍 받고 있는 책이다.

『이상한 나라의 앨리스』에 등장하는 모자 장수, 삼월 토끼, 체셔 고양이, 카드의 여왕, 애벌레, 공작부인 등은 많은 이들에게 이미 친숙해진 캐릭터로 자리 잡았다. 그리고 『이상한 나라의 앨리스』는 그 유명세에 걸맞게 무수한 영화와 애니메이션, 뮤지컬, 연극 등으로 제작 및 상연되었을 뿐만 아니라, 수많은 모방 작품들을 낳았다.

이 책 『엉망진창 나라의 앨리스』의 저자인 존 켄드릭 뱅스(John Kendrick Bangs) 역시 루이스 캐럴이 창조한 이상한 나라와 그 안에 등장하는 온갖 캐릭터에 매료되고, 거기서 큰 영감을 얻었음에 틀림없다.

미국 근대문학에 커다란 영향을 미친 풍자 작가인 존 켄드릭 뱅스는 루이스 캐럴이 만들어낸 『이상한 나라의 앨리스』의 캐릭터와 형식을 빌려와서 정치, 사회에 대한 날카로운 비판과 유쾌한 유머를 담아 『엉망진창 나라의 앨리스』라는, 자신만의 멋지고 독특한 작품으로 재탄생시켰다.

이 책은 집에서 브리지 파티가 열리는 동안 방 안에 갇혀서 지루해 하는 앨리스에게 모자 장수와 삼월 토끼, 체셔 고양이와 하얀 기사가 찾아오면서 시작된다. 이들은 모자 장수가 만든 특별한 도시인 '엉망진창 나라(Blunderland)'로 앨리스를 초대한다.

그곳은 개개인의 소유물은 단 하나도 허용되지 않고(심지어는 개인의 치아까지도) 모든 것이 시의 소유인 '시유제(Municipal Owner-ship)' 사회이다. 눈에 띄는 것은 닥치는 대로 독점하려고 드는 이기적인 기업들의 행태에 반발한 모자 장수가 세운 이 도시는 어처구니없는 발상들이 현실화된 아주 엉뚱하고 우스꽝스러운 도시의 결정판이자, 유토피아를 가장한 디스토피아라 할 수 있다.

예컨대, 가장 안전한 동시에 연료를 절감할 수 있는 대중교통을 만들기 위해 열차를 아예 땅에 고정시켜 버린다거나, 가스 공장의 지독한 가스 냄새가 마음에 안 든다며 향기로운 가스 공장을 만들어 버리는 식이다(물론 그렇게 되면 더 이상 열차나 가스 본연의 역할은 기대할 수 없게 된다). 그리고 시유제 체제 하에서 더 이상 할 일이 없어진 경찰관들은 시민들에게 의무적으로 차를 대접하거나, 도박판이나 파티 인원수를 맞추기 위해 출동하는 것이 주된 임무가 되었다. 또 시의 자금조달을 위해서 끊임없이 채권을 발행하는가 하면(채권이 만기되면 현금을 지급하는 대신 또 다른 채권을 발행하면 그만이다), 급전이 필요할 때는 시의 '공식 거지'를 파견하여 현금을 모아 오기도 한다.

어디 그 뿐이랴. 이곳에는 '시유 전화'라는 것이 있어 신분을 막론하고 모든 사람들이 언제 어디서든 서로 평등하고 친절하게 대화를 나눌 수 있지만, 대화의 내용이 토씨 하나 빠뜨리지 않고 '검열'된다는 부작용이 따른다.

그리고 시(詩)를 관장하는 부서가 있어, 그 부서에 고용된 시인들은 공장에서 물건을 만들어 내듯 쉴 새 없이 시를 '생산'한다. 그런데 이때 그 시는 누구나 이해할 수 있을 만큼 의미가 명확한 시여야만 하며, 시유제 체제와 특정 정치인을 홍보하는 선전 효과를 지녀야 한다.

또한 이곳 엉망진창 나라에서는 아이들 역시 시의 소유물이다.

덕분에 아이들은 시의 보육원에 맡겨져서 소위 '과학적 요법'이라는 미명 하에 얼토당토않은 방식으로 훈육되고 관리된다.

비록 이런 황당한 내용들로 가득 차 있지만 그렇다고 해서 이 책이 마냥 가벼운 것만은 아닌데, 그 이유는 바로 현실에 대해 지극히 날카로운 통찰력을 담고 있기 때문이다. 이 책이 발표된 해는 1907년으로, 그 당시는 아직 공산주의 국가가 본격적으로 출현하지도 않은 시기였으며, 사회주의 국가를 풍자한 조지 오웰(George Orwell)의 『동물농장』이 발표된 1949년보다도 한참 전이다. 그럼에도 불구하고 이 책에서는 시유제, 즉 공산주의 사회의 이상과 그 폐단을 꽤나 날카롭게 짚어 내고 있다.

모자 장수가 만들어 낸 이 '엉망진창 나라'는 분명 독과점을 일삼고 노동자들을 착취하는 자본가들에 맞서, 공산주의(시유제)를 통해 인류(시민)의 평등과 행복이라는 이상을 바탕으로 세워졌다. 하지만 결국에는 독재자(모자 장수)를 탄생시켰고, 시민들의 자유는 공공의 이익이라는 미명 하에 억압되고, 자유로운 의사 표현은 검열 및 통제될 뿐만 아니라 예술은 '선전수단'으로써 정치에 종속되고 만다. 뿐만 아니라 기득권 세력이 선거조차도 장악함으로써 전복이 불가능한 독재 체제를 만들어 내고 만다(모자 장수는 이에 대해 '정치적 불확실성을 없앰으로써 안정적인 사회를 구현한다'며 이를 정당화시킨다).

'언더그라운드의 베스트셀러'이자
'21세기를 위한『동물농장』

———

물론 그렇다고 해서 이 책이 시유제나 공산주의에만 화살을 겨냥하고 있는 것은 아니다. 오늘날 우리 사회 전반에 비추어 보아도 그의 풍자는 전혀 손색이 없다.

예컨대 '적어도 경찰들이 잠을 자는 동안에는 뇌물을 받거나 죄 없는 사람들을 괴롭히지 않는다'는 이유로 잠을 가장 많이 자는 도마우스가 경찰 청장으로 임명된다거나, '약속을 해놓고 지키지 못할 것 같으면 더 좋은 걸 약속해 주는' 식으로 끝없이 공수표만 남발하는 공무원과 정치인들의 행태 역시 도마에 올린다. 그밖에도 경찰은 시의 소유가 아니라 기업들과 가진 자들의 소유라는 뼈아픈 주장도 거침없이 입에 올린다.

『엉망진창 나라의 앨리스』는 자칫 심각할 수도 있는 이야기를

가볍고 유쾌하게 풀어내어 끊임없이 독자를 웃게 만든다. 또한 원
작인『이상한 나라의 앨리스』에 등장하는 고유의 캐릭터의 특징을
잘 살렸을 뿐만 아니라, 원작의 '형식'까지 빌려와서 간간이 우스
꽝스러운 시들을 삽입하거나, 쉴 새 없는 '언어유희'를 선보인다.
그리고『이상한 나라의 앨리스』원작의 삽화가인 존 테니얼(John
Tenniel)의 그림을 토대로 앨버트 레버링(Albert Levering)이 새롭게
그려낸 이 책의 삽화 역시『엉망진창 나라의 앨리스』의 재미와 유
쾌함에 온도를 더한다.

　개인적으로 이 책은 두 번째로 번역하는 존 켄드릭 뱅스의 작품
이다. 비록 아직까지 국내에 잘 알려진 작가는 아니지만, 그의 작
품을 접하면 접할수록 작가와 그의 작품의 매력에 빠져드는 듯하
다. 유쾌하면서도 담백한 문체와, 시대를 초월한 날카로운 통찰력
은 그가 책을 발표했던 100여 년 전의 과거보다는 외려 오늘날의
독자들에게 더 맞아 떨어지는 느낌이다. 이 시대에 읽어도 폐부를
찌르는 듯한 유쾌하고 풍자 가득한『엉망진창 나라의 앨리스』를
통해 촌철살인의 풍자를 펼치는 이 재능 있는 작가, 존 켄드릭 뱅
스가 우리나라에도 많이 알려지길 바란다.

　혹자는 이 책을 '언더그라운드의 베스트셀러'이자 '21세기를 위

한 『동물농장』'이라고 평가하기도 한다. 그저 잊힌 채 묻혀 있기에는 너무나 주옥같은 작품이기에 지금이나마 국내의 많은 독자들이 『엉망진창 나라의 앨리스』를 읽고 뱅스라는 작가가 들려주는 이 유쾌한 패러디에 푹 빠졌으면 하는 바람이다.

2016년 10월
윤경미

ALICE IN BLUNDERLAND

Alice in Blunderland

엉망진창 나라의 앨리스

초 판 1쇄 인쇄 | 2016년 11월 10일
2쇄 발행 | 2017년 10월 18일

지은이 | 존 켄드릭 뱅스 • 그린이 | 앨버트 레버링
옮긴이 | 윤경미
펴낸이 | 조선우 • 펴낸곳 | 책읽는귀족

등록 | 2012년 2월 17일 제396-2012-000041호
주소 | 경기도 고양시 일산동구 장백로 19
(백석동, 더루벤스카운티 901호)

전화 | 031-908-6907 • 팩스 | 031-908-6908
홈페이지 | www.noblewithbooks.com
E-mail | idea444@naver.com

출판 기획 | 조선우 • 책임 편집 | 조선우
표지 & 본문 디자인 | twoesdesign

값 15,000원
ISBN 978-89-97863-69-3 (03300)

이 도서의 국립중앙도서관 출판예정도서목록(CIP)은
서지정보유통지원시스템 홈페이지(http://seoji.nl.go.kr)와
국가자료공동목록시스템(http://www.nl.go.kr/kolisnet)에서
이용하실 수 있습니다.(CIP제어번호: CIP2016025202)